LA JOYERIA
y sus técnicas 2

Esta obra consta de dos volúmenes:

1 FORMACION BASICA DEL ARTIFICE JOYERO

2 PERFECCIONAMIENTO DEL ARTIFICE JOYERO

J.L. LLORENTE

Director de las Academias ''Llorente'' (Madrid)

LA JOYERIA
y sus técnicas

2 **PERFECCIONAMIENTO DEL ARTIFICE JOYERO**

PARANINFO

CUARTA EDICIÓN

Revisión y adaptación didáctica

M. Useros Carretero

© 1999 Editorial Paraninfo
ITP An International Thomson Publishing company
Magallanes, 25; 28015 Madrid ESPAÑA
Teléfono: 91 4463350 Fax: 91 4456218
(itesparaninfo.pedidos@mad.servicom.es)

© J.M. LLORENTE

Para más información:

ITE/LATIN AMERICA
Séneca, 53
Colonia Polanco
11560 México D.F. México
Tel: 525-281-2906 Fax: 525-281-2656
e-mail: clientes@mail.internet.com.mx

Puerto Rico/Caribbean
Hato Rey, PR
Tel: 787 758 7580 Fax: 787 758 7573
e-mail: 102154.1127@compuserve.com

América del Sur
Tel/Fax (562)5244688
e-mail: ldevore@ibm.net
Santiago, CHILE
Tel/Fax (541)777-0960
e-mail: sdeluque@ba.net
Buenos Aires, ARGENTINA

INTERNATIONAL THOMSON PUBLISHING
One Main Street, 6th Floor
Cambridge, MA 02142
Tel: 617 528 3104 Fax: 617 423 43 25

Diapositiva de Cubierta: A.C.I. (Agencia Catalana de Información)
Barcelona (España)

Impreso en España
Printed in Spain

ISBN: 84-283-1710-0 (Obra completa)
ISBN: 84-283-1709-7 (Tomo 2)

Depósito Legal: M-389-1999

(011/59/12)

Gráficas ROGAR, Polígono Industrial Alparrache - Navalcarnero (Madrid)

A Lina, mi esposa;
a mis hijos José Manuel,
Lina y Alicia;
a mis padres, Félix y Concepción

Agradecimientos

A Isabel Ortega, que ha mecanografiado el texto original y a F.J. Méndez Zurutuza, que ha hecho las fotografías.

Indice de materias

NUCLEO TEMATICO 3

NUCLEO TEMATICO 4

NUCLEO TEMATICO 5

Núcleo temático **3**

UNIDADES DIDACTICAS

Elementos para engaste

El trabajo de joyería se orienta en definitiva al montaje de una alhaja estéticamente valiosa. El aprendizaje del oficio requiere, en correspondencia, la adquisición de conocimientos y destrezas de creciente dificultad. Con el tema de la fabricación de elementos para engaste de piedras preciosas, iniciamos un nivel superior de conocimientos y de práctica del arte de la joyería. Las piezas para engaste están al servicio de la calidad y belleza de las joyas.

OBJETIVOS ESPECIFICOS

- Conocer la estructura y la funcionalidad de los elementos que se utilizan para engastar las gemas.
- Adquirir destreza en la preparación de las distintas piezas para engaste.

CONTENIDOS

I.   Boquillas, chatones y garras.
II. Bandas, marquis y orlas.

I. BOQUILLAS, CHATONES Y GARRAS

Las piedras que se montan en la joyas (anillos, pendientes, broches, etc.) pueden estar engastadas o sujetadas en *boquillas, chatones, y garras.* Vamos a describir los procedimientos para preparar estos elementos de engaste en sus distintas variantes. También sirven para engastar las bandas, marquises y orlas, a los que dedicamos un segundo apartado (fig. 4.1).

Fig. 4.1.

Piedra engastada   *Piedra engastada*   *Piedra engastada*
en boquilla.   *en chatón*   *en garra.*

1. BOQUILLAS

Las boquillas son unos soportes para apoyar y sujetar cualquier gema; en ellas descansa y se ajusta cualquier tipo de piedra fina y ornamental. Por eso tienen gran importancia en joyería.

Hay boquillas de diferentes formas: con ilusión, sin ilusión, redondas, cuadradas, ovales, etc. Pueden estar fabricadas con una bata o con uno o más hilos.

''Ilusión'', en joyería, es una forma de montaje que consiste en dar a las piezas por su reverso una inclinación cónica, que va desde la cabeza o parte superior de la pieza hasta su base (tema 3).

Siguiendo el orden del aprendizaje, que procede de lo más fácil a lo más difícl, explicaremos cómo se preparan *boquillas sin ilusión, boquillas con ilusión, boquillas picadas, boquillas para piedra de baguette* y como se hace el engaste en *boquillas de piedra cabuchons*.

a) Boquillas sin ilusión

Las boquillas sin ilusión son las que tienen las paredes de la bata en paralelo. Para hacerlas, procedemos de la siguiente manera:

- Se preparará una bata con el grueso que nos exijan los diferentes tamaños de las piedras.

- Ajustaremos la bata al contorno de la piedra y soldaremos la bata por sus extremos. Soldada así la pieza, tendremos una boquilla sin ilusión (fig. 4.2.).

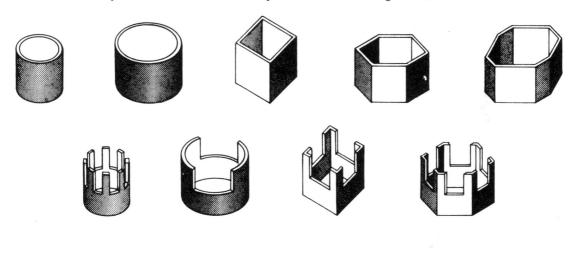

Fig. 4.2. *Boquillas sin ilusión.*

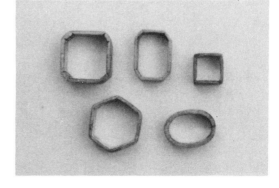

Mostraremos ahora modelos peculiares de boquillas sin ilusión.

Boquilla para piedra cabuchons de forma cóncava

Para preparar este tipo de boquillas, procedemos de la siguiente manera:

- Partimos de una boquilla sin ilusión, como la descrita, ya terminada.

- Limamos en plano una de sus bases y su canto interior con suavidad.

- Colocamos una chapa en su base y damos bórax a todo el contorno.

- Colocamos la soldadura a 1 ½ mm de distancia entre un payón y otro, y soldamos.

- Recortamos con la segueta el metal sobrante exterior.

- Repasamos el exterior con la lima o limatón, y tendríamos una boquilla con una base de apoyo interior (fig. 4.3).

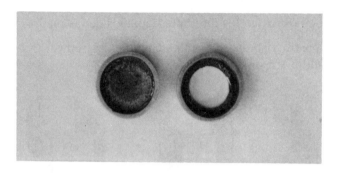

Fig. 4.3. *Boquilla con base de apoyo.*

- Aplanamos la parte superior de la boquilla, y se lija por su parte exterior. La boquilla se puede dar por terminada en su forma más sencilla.

Téngase en cuenta que la boquilla ha de ser ajustada a todo el contorno de la piedra de modo que ésta descanse en la base de apoyo interior de la boquilla. La altura de la boquilla deberá corresponder a la altura de engaste para la piedra. Si no fuera así, las piedras de este tipo se caerían con el uso (fig. 4.4).

Fig. 4.4. *Boquillas para piedra cabuchons, totalmente terminada.*

Nota:

Podríamos seguir trabajando esta boquilla de la siguiente forma:

- *Con el compás se traza un círculo que marque un cerco a 1 ½ m.m. de la base de apoyo interior de la boquilla (depende del grosor que tengamos en la bata de la boquilla).*

- *Se hace un taladro en su base y se cala por el cerco marcado en todo el contorno interior de la boquilla. Este cerco calado servirá de apoyo para la piedra. Así se rebajará el peso de la boquilla.*

Boquilla cuadrada o rectangular de ingletes de una sola pieza

El procedimiento para prepararlas es el siguiente:

- Comenzamos midiendo la piedra a la que se va a ajustar la boquilla; medimos también el grueso de la bata. Descontamos esta medida de la medida de la piedra y así obtendremos las medidas del largo que ha de tener la bata para la boquilla.

Ejemplo de verificación: Si tenemos una piedra de forma cuadrada que mide 4 x 4 mm en cada lado (40 décimas), y la bata en su grosor mide 6 décimas, la medida del largo de la bata para la boquilla será de 34 décimas.

- Con el compás trazamos en la bata tres partes de 34 décimas cada una.

- En cada uno de estos trazos hacemos un inglete (un triángulo marcado en la bata con el limatón), limando tres cuartas partes de su grueso. Para conseguir ángulos rectos, limados con un limatón cuadrado por los ingletes (fig. 4.5).

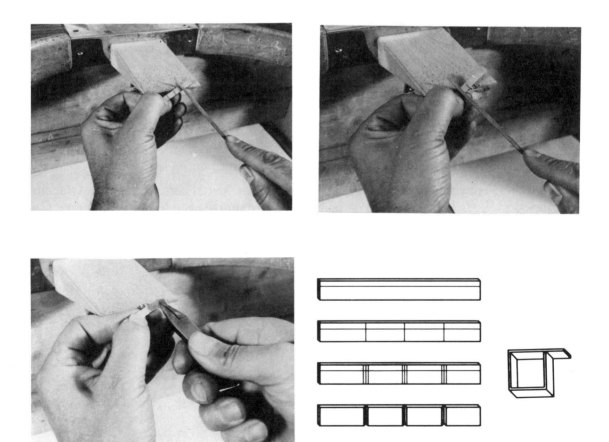

Fig. 4.5. *Forma de hacer un inglete.*

17

- Marcados los ingletes, doblamos la bata por los ingletes hasta lograr la forma adecuada para acoplar la boquilla a la pieza.

Nota

- *Los ingletes a los que nos hemos referido, se pueden realizar también con la segueta. Para ello se da un corte en los trazos marcados en la bata; este corte tendrá una profundidad de 3/4 partes del grosor de la bata. Dados los cortes, se va doblando por ellos la bata hasta conseguir la configuración adecuada para acoplar la boquilla a la piedra.*
- *Estos ingletes se usan en boquillas de paredes en paralelo.*

Este mismo tipo de boquillas sin ilusión se puede hacer de dos piezas.

Boquillas cuadradas y rectangulares de dos piezas (fig. 4.6)

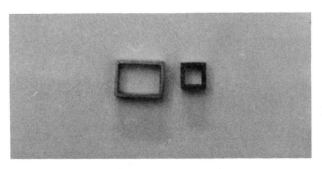

Fig. 4.6. *Boquillas cuadrada y rectangular.*

Procedemos de la siguiente manera:

- Preparamos una bata y la dividimos en dos partes iguales.
- En cada una de las partes de la bata hacemos un corte de inglete.
- Doblaremos a escuadra cada una de las partes de bata por el corte de inglete. Así tendremos dos piezas inguales. Estas se podrán cerrar o abrir según lo requiera la dimensión de la piedra, al ser colocadas en el cartón de amianto.
- Soldamos las dos piezas formando la figura con la medida exigida.
- Cortamos los extremos sobrantes, repasamos los lados, y se aplanan sus bases. Así tendremos terminada una boquilla cuadrada o rectangular sin ilusión con dos piezas (fig. 4.7).

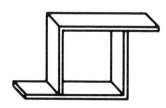

Fig. 4.7a. *Boquilla cuadrada sin ilusión de dos piezas.*

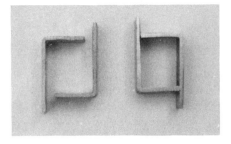

Fig. 4.7b. *Boquillas rectangulares.*

El tipo de boquillas descrito es la base de todas las boquillas sin ilusión en general. En estas boquillas se pueden colocar patas postizas de bata, hilos, patas gayonadas, etc.

b) Boquillas con ilusión

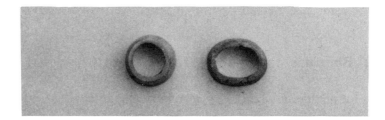

Fig. 4.8. *Boquilla redonda y oval con ilusión.*

Las boquillas con ilusión son las que tienen sus paredes en forma de cono (fig. 4.8). Se utilizan también para la sujección de las piedras. También hay garras con ilusión, de las que trataremos más adelante.

El prodecimiento para preparar este tipo de boquillas es el siguiente:

- Comenzamos haciendo el volteo de ilusión en la bata; consiste en voltear de canto la bata formando un semicírculo, como ya se ha explicado (ver tema 3). Cuanto más cerramos este semicírculo, más ilusión tendremos en las boquillas redondas y ovales, perillas, marquís, etc.

- Para dar la forma de ilusión a las boquillas cuadradas, rectangulares, etc., tenemos que hacer los *cortes de inglete* y *triángulo de ilusión*. En cuanto a los cortes de inglete se procede como ya ha sido descrito.

- Para marcar el *triángulo de ilusión*, hacemos un trazo principal de 1 mm a lo largo de todo el borde de la bata.

- Hacemos 3 trazos verticales en la bata a la medida de la piedra, al comienzo de la bata se hace un trazo a ½ mm. vertical, cortando y limando éste con inclinación, que será la ilusión que demos a la boquilla; los otros tres irán a continuación, según las medidas requeridas por la piedra que se va a montar; y a cada lado de estos 3 trazos se hará un trazo más a ½ mm. de distancia (fig. 4.9).

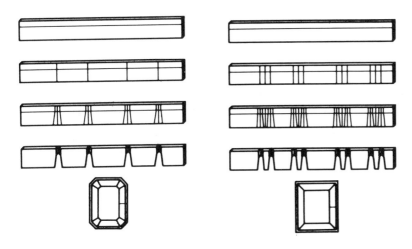

Fig. 4.9. *Trazos hechos en la bata para realizar el triángulo de ilusión.*

- Cortaremos en triángulo la bata comprendida entre estos trazos hasta llegar al borde del trazo principal.

- Cerramos estos triángulos por el canto de la bata y obtendremos así la ilusión deseada en la boquilla.

Cuanto más anchos sean los triángulos, mayor será la ilusión obtenida en la pieza.

c) Boquillas para piedras de baguette

La piedra de baguette es de talla rectangular.

Describiremos cómo se hacen boquillas para piedras de baguette:

- Preparamos una bata de 30 décimas de altura y 15 de ancho.

- Por el canto superior de la bata se hace un trazo a 2 ½ décimas de uno de sus extremos.

- A 4 mm de este primer trazo se hace otro trazo, quedando así marcado el largo de la boquilla.

- A cada lado de este segundo trazo se marca un nuevo trazo a 2 ½ décimas de distancia. Esta será la medida del grueso de engaste para la piedra.

- En un lateral del riel se hace un trazo a lo largo de la barra y a 14 décimas de su base.

- Hacemos también en este lateral dos trazos en vertical, que parten de la superficie superior de la boquilla hasta el trazo horizontal y quedan respectivamente a 1 mm de distancia de cada lado del largo de la boquilla (fig. 4.10).

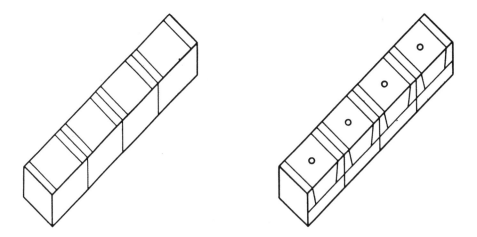

Fig. 4.10. *Trazos hechos en el riel para boquilla de piedra baguette.*

- Con la segueta damos dos cortes inclinados desde las superficies superiores que marcan el grueso de la boquilla, hasta el trazo horizontal, quedando así marcado el metal para el engaste.

- Se corta con la segueta el metal del interior de estos trazos, se repasa con los limatones hasta perfeccionar el exterior de la boquilla.

- Hecha esta operación, se taladran todas las divisiones de la parte superior de la boquilla, abriendo de bocas para el ajuste de la piedra. Así queda la boquilla configurada con su caja de engaste (fig. 4.11).

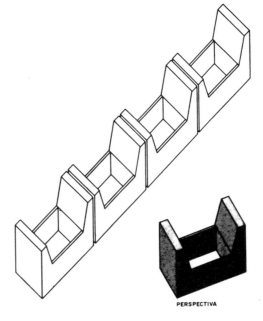

Fig. 4.11. *Boquilla terminada para piedra baguette.*

PERSPECTIVA

De esta forma se procede sucesivamente hasta sacar del riel tantas boquillas cuantas necesitemos. Luego las boquillas se cortan separándolas entre sí, para poder montarlas por separado.

Fig. 4.12. *Boquilla picada.*

Nota: Boquillas picadas

- *Tanto las boquillas sin ilusión como con ilusión pueden ser picadas (fig. 4.12). Como ya se expuso (tema 3), el picado en joyería consiste en hacer en los cantos de las piezas, con la segueta y los limatones, patas o formas limadas (redondeadas, almendradas, etc.) Las patas se sacan de la misma boquilla.*

- *El picado se hace también en chatones y garras.*

---

d) Engaste en boquillas o chatones

Hay que distinguir entre el engaste en boquillas (y chatones) sin patas postizas y el engaste en boquillas (y chatones) con patas postizas.

21

Engaste en boquillas y chatones sin patas postizas

En este caso, la piedra debe descansar en la mitad del grueso de la bata de la boquilla o chatón. Por ejemplo: un chatón que tiene 30 décimas de diámetro exterior y 10 décimas de grueso de la bata, sería apropiado para una piedra de 25 décimas, pues le quedarían 5 décimas de metal por todo el contorno de la piedra para su engaste.

Boquillas tipo esmeralda con patas postizas (fig. 4.13)

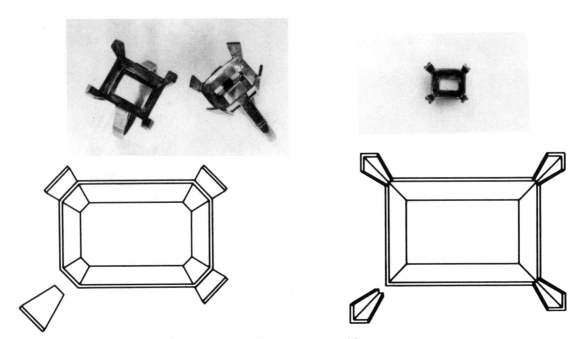

Fig. 4.13. *Boquillas tipo esmeralda con patas postizas.*

En este caso, la boquilla se ajustará con su ilusión en la primera arista de la culata de la piedra, quedando el resto de la piedra al aire sobre la boquilla. Esta parte de la piedra que queda al aire, corresponde a la altura de las patas postizas, a las que se les dará 1 o 1 ½ mm más que la altura de la piedra. Así se podrán repasar después estas patas de engaste, y quedará metal sobrante para rebatirlo sobre la piedra así engastada.

2. CHATONES

Los chatones nos sirven, como las boquillas y las garras, para sujetar las piedras. Son piezas de metal en forma redonda, oval, cuadrada, marquís y sin patas. Se hacen partiendo de una chanela. Cuando se hacen varios, éste es el procedimiento más recomendable para lograr que todos tengan el mismo diámetro.

- Preparada la chanela, se aplana su superficie.

- Se marca con el compás un trazo en la pared de la chanela, que corresponderá a la altura que ha de tener el chatón.

- Se corta el trazo con la segueta y se aplana otra vez la chanela.

- Se traza de nuevo con el compás por la pared de la chanela, y así sucesivamente haste que tengamos cortados todos los chatones (fig. 4.14).

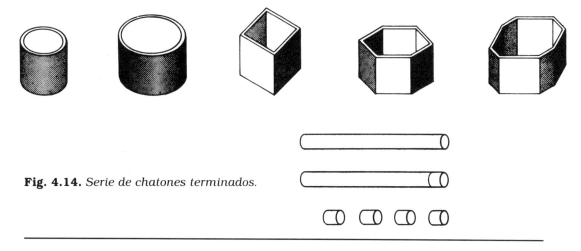

Fig. 4.14. *Serie de chatones terminados.*

Casos especiales

- *Si es necesario abrir el interior del chatón en forma de cono para el asiento de la gema, se pasará una fresa antes de cortar los chatones y después de haber aplanado la chanela; luego se hace un trazo con el compás y se van cortando los chatones a la medida deseada. Este proceso lo efectuaremos tantas veces cuantas sea necesario.*
- *Si montamos un brillante, cuyo filetín está dañado en varios puntos, debemos montarlo en chatones cerrados, para tapar lo máximo posible todos los defectos.*

---

3. GARRAS

Las *garras* son piezas que sirven para el engaste de las piedras. Se diferencian de los chatones en que tienen salientes o patas para remachar y sujetar la piedra. Describiremos el procedimiento para preparar *garras de patas postizas, el engaste en garras, garras picadas, tresillo con garras picadas.*

a) Garras de patas postizas o garras de asas

Garras de hilos

Para su preparación, partimos de dos hilos cruzados de 7 ½ décimas de grueso. A continuación, el procedimiento es el siguiente:

- Entorchamos otro hilo de 5,5 ½ ó 6 décimas, según el procedimiento explicado en tema 1. Las asas cortadas del hilo entorchado irán a la medida requerida por la piedra (fig. 4.15 (1)).

- Los hilos cruzados se doblan por su cruce hacia arriba, de modo que quede formado una especie de tubo con sus patas.

- Por el extremo de este tubo, por su parte superior, introducimos un asa en su interior, y soldamos ésta en los 4 hilos dejando 2 ½ mm de cada hilo libres, que serán las patas de engaste con su altura debida (fig. 4.15).

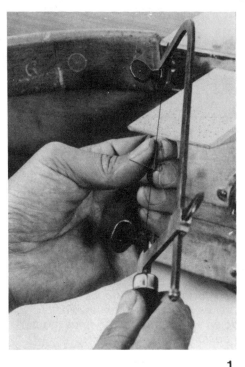

1

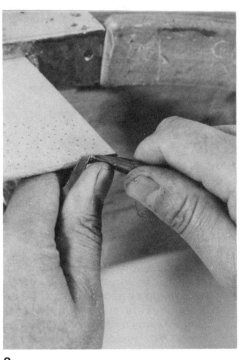

2

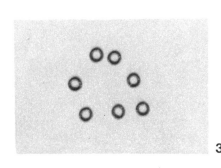

3

4

Fig. 4.15. *Pasos para hacer garras de hilos.*

24

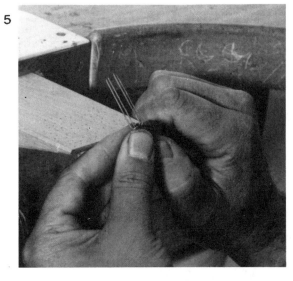

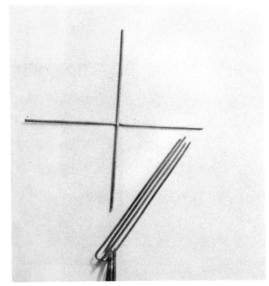

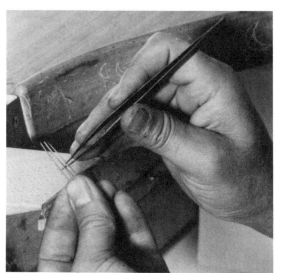

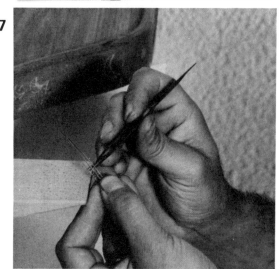

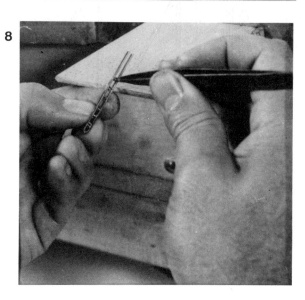

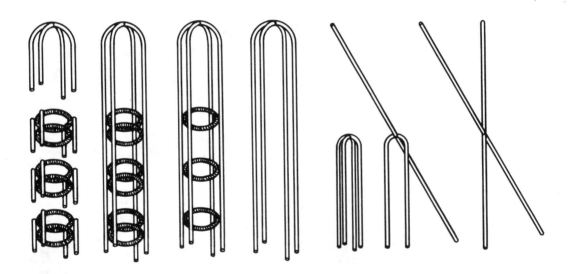

Fig. 4.16. *Garras con patas postizas o garras con asas.*

- Introducimos luego otras asas por debajo de la primera, manteniendo siempre la altura proporcionada entre asa y asa y la altura de las patas de engaste. Lo hacemos cogiendo las asas con unas pinzas e introduciéndolas en posición vertical entre los hilos.

- Soldamos las asas por un lado con payones sumamente pequeños; soldamos primero uno de sus lados, luego se da la vuelta a la pieza para soldarlas por el otro (fig. 4.16).

Otro procedimiento para hacer garras de hilo redondo es el siguiente:

- Se cortan trozos de hilo de 14 mm de largo (medida que variará según el diámetro de la garra).

- Se colocan dos hilos cruzados en forma de cruz y se sueldan en el punto que se cruzan.

- Justo en el punto en que se cruzan los hilos soldamos un asa más pequeña que las que hemos de colocar después entre las cuatro patas de engaste (fig. 4.17)

Fig. 4.17. *Asa soldada en el punto de cruce de los hilos para la garra o marquís.*

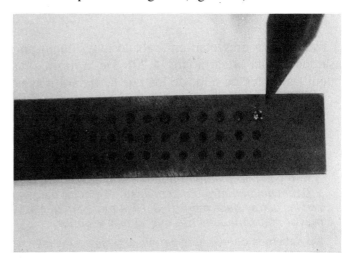

Fig. 4.18. *Pieza de hilos cruzados y doblados, introducida en la hilera.*

- Soldada este asa, se doblan los hilos hacia arriba e introducimos la pieza en un agujero de la hilera para que todas las garras resulten iguales (fig. 4.18).

- Hecha esta operación, se colocará el asa mayor entre las cuatro patas dejando un espacio entre este asa y la colocada anteriormente (fig. 4.19).

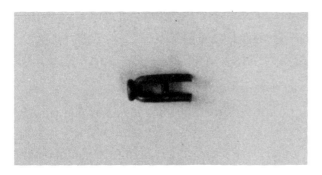

Fig. 4.19. *Asa mayor colocada.*

- Soldamos este asa, y se dejan las patas de engaste a la altura necesaria.

El asa soldada en el cruce de los hilos queda con el hilo cruzado en su interior. Hay que eliminar este cruce. Se procede de la siguiente manera:

- Si el asa es muy pequela, se hará un taladro en el interior del asa.

- Si el asa es de mayor tamaño, cortaremos la cruz con la segueta por el interior del asa. Y la garra quedará así terminada.

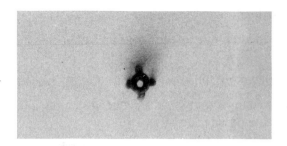

Fig. 4.20. *Garras de hilos por la parte de atrás.*

Estas garras presentan un acabado muy limpio por la parte de atrás, puesto que se ve el asa que remata la garra (fig. 4.20). De la misma manera se procedería para los marquis o boquillas ovales de hilo, de los que se tratará más adelante.

Nota: Medidas exactas para entorchar las asas ajustadas a los diámetros de las piedras.

Las asas no se deben ver por la parte frontal de la piedra. Por lo tanto, si la piedra mide 3 mm y el hilo a entorchar mide el grueso 6 décimas, necesitaríamos un asa de 2 ½ ó 2,6 mm de diámetro. En este caso, el macho para entorchar las asas con las que se realizan las garras debe medir 1,3 ó 1,4 mm para que la piedra en el engaste quede 5 décimas mayor aproximadamente que el asa superior.

No debemos olvidar este detalle al realizar una joya a partir de una fotografía o de un diseño. Hemos de tener en cuenta las medidas de las piedras para acoplar a ellas el diámetro de las asas, que será menor que el de las piedras.

Garras de patas postizas de chapa (fig. 4.21)

Para la preparación de garras de patas postizas de chapa, seguimos este procedimiento.

- Partimos de un chaton del diámetro y altura requeridos por la piedra que vamos a engastar.

- El chatón se aplana y lija por un lado y por las dos caras.

- Se prepara una bata para las patas.

- De la bata cortamos el material necesario para las patas.

- Colocamos el chatón en cera de modelar y, alrededor, colocamos las patas que necesita la piedra.

- Damos bórax en las puntas que vamos a soldar, y se prepara la escayola, dejándola como si fuera mahonesa (tema, 3/X).

- Se vacía la escayola encima de las piezas y se espera a que endurezca; endurecida la escayola, se separa de la cera de modelar. Así se llevará la escayola la garra no soldada.

- Limpiamos donde haya restos de cera y pasamos a soldar las patas al chatón; separamos la escayola de la garra.

- Soldada la garra, recortamos y limamos las patas, dando a éstas la forma y altura apropiadas para el engaste de la piedra.

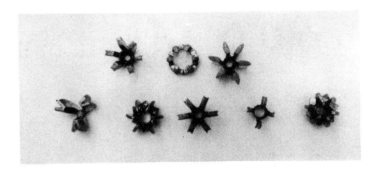

Fig. 4.21. *Garras de patas de chapa. Véanse diseños esque-matizados en dibujos siguientes.*

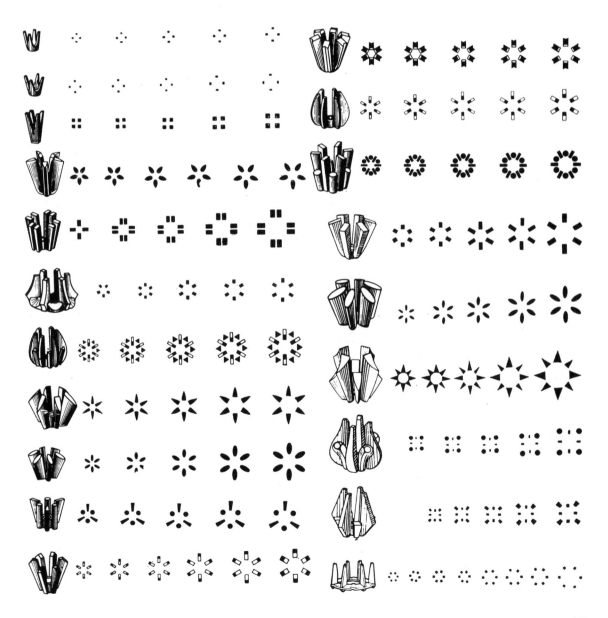

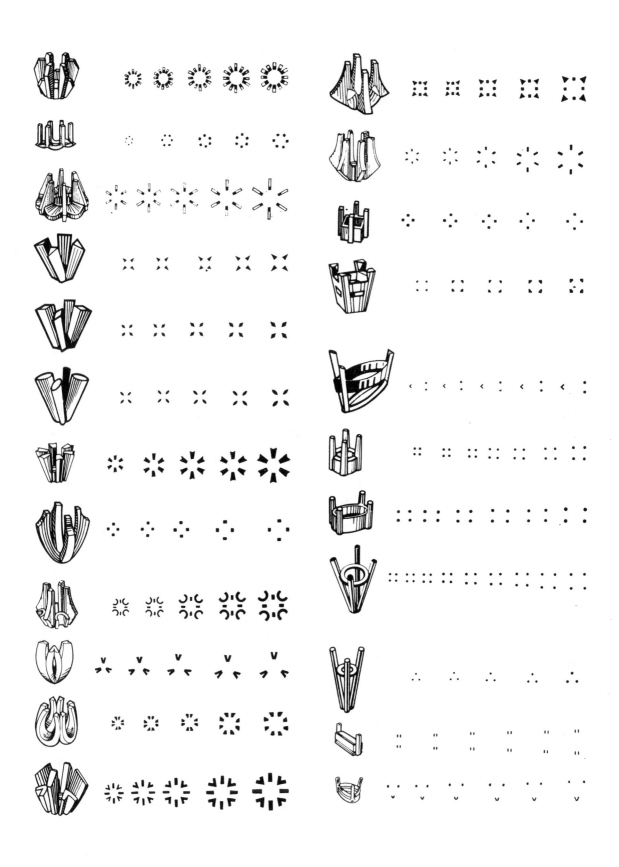

b) Engaste en garras

Para engastar una piedra en garras, tendremos en cuenta estas orientaciones:

- La piedra debe descansar en una cuarta parte del grueso de la pata de la garra, puesto que es en la pata donde se debe hacer caja para el ajuste y asiento de la piedra (fig. 4.22).

Fig. 4.22. *Piedra asentada en la garra.*

- Si tenemos un brillante con algún pequeño defecto en el filetín, se tapará con una pata de garra.

- Si la piedra es de color y se cierra la garra por la culata de la piedra, ésta se oscurecerá; en cambio, si se abre la montura donde descansa la piedra, ésta se aclarará.

Observaciones especiales

- *No debemos olvidar que a cada una de las gemas debemos darle el tratamiento apropiado. Esto parece complicado; sin embargo resulta fácil, si se observan cuidadosamente las piedras que van a ser montadas.*
- *Si las piedras de color presentan fisuras importantes, es aconsejable montarlas en patas de hilo redondo, que es donde menos peligro de ruptura corre la gema.*
- *Aunque los engastadores, al ser profesionales especializados, tienen extremo cuidado al engastar estas piedras, a veces lo olvidan por exceso de trabajo. Por esto es aconsejable advertirles cómo queremos que sean montados nuestros diseños y dibujos.*

---

c) Garras picadas

Son éstas un tipo de garras con salientes a modo de patas, que pueden tener diferentes formas. Estas formas se consiguen con la segueta y los limatones. Tres son las operaciones fundamentales en el proceso de realización de estas garras:

- Preparar el chatón
- Hacer el picado
- Montar el cuadradillo

Preparar el chatón

Para hacer estas garras, partimos de un chatón en paralelo o en cono. Describimos, como muestra, el procedimiento para hacer una garra de cuatro patas.

- Preparamos una bata de 4 mm de ancho y 9 décimas de grueso y hacemos el chatón con o sin ilusión.

- Aplanamos con la lima la parte inferior y superior del chatón.

- Con el compás trazamos cuatro divisiones en la parte superior del chatón; con estos trazos queda marcada la anchura de patas que vamos a dejar en el chatón (fig. 4.23).

Fig. 4.23. *Divisiones trazadas en el chatón para una garra de cuatro patas.*

Nota:

Las patas pueden ser cuadradas. Por lo tanto, si la bata tiene 9 décimas de grueso, la anchura en los trazos de la parte superior será de 9 décimas. Así, las patas quedarán marcadas en la parte superior del chatón en forma cuadrada.

- Hechos los trazos en el chatón para determinar la anchura de las patas, marcamos con el compás un nuevo trazo en el contorno lateral del chatón. Este trazo se marcará a 3 mm de la parte superior. De este modo queda determinada la altura de las patas.

Hacer el picado en la garra

- Trazadas en el chatón la altura y anchura de las patas, pasamos a picar la garra. Para ello cortamos con la segueta el metal en forma almendrada entre pata y pata hasta llegar con el picado al trazo de la altura de las patas. Así se hace sucesivamente con las cuatro partes en que está dividido el chatón.

- Luego repasamos estos cortes de segueta con el limatón redondo, de modo que las cuatro patas de engaste queden perfectamente dimensionadas de grueso y de largo.

Nota:

Advertimos que, al picar las patas en forma almendrada, quedará entre pata y pata el trazo de la altura de las patas. Este trazo nos servirá de medida de la altura para el picado de la base del chatón.

- Para el picado de la base del chatón, realizamos con la segueta un corte en esta base, justo en el centro de la pata, llegando con este corte hasta el trazo marcado anteriormente, para conseguir que todos los picados sean iguales. Esto se hará en cada una de las cuatro patas.

- Con un limatón triángulo, limamos el contorno del picado superior dejando 1 mm de metal. Así quedará configurada la garra con un picado en forma almendrada.

Montar el cuadratillo

- Para montar el cuadratillo, al ser una garra sola, hacemos un asa de hilo cuadrado del tamaño de la parte inferior de la garra (fig. 4.24).

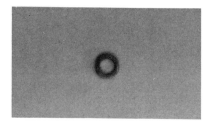

Fig. 4.24. *Asa de hilo cuadrado para el cuadradillo.*

- Atamos este asa en la base de la garra y soldamos el asa en cada uno de los cuatro salientes del picado (fig. 4.25).

Fig. 4.25. *Cuadradillo soldado.*

- Soldado el cuadradillo, repasamos con el limatón espada todo el contorno de la garra y la lijamos. Así queda la garra terminada (fig. 4.26).

Fig. 4.26. *Garra picada de cuatro patas terminada.*

d) Tresillo con garras picadas

El tresillo que presentamos como muestra, es un anillo que lleva tres garras para engastar tres piedras. En vez de garras, podrían ser también chatones. El procedimiento es el siguiente:

- Hacemos, como en el caso anterior, tres garras picadas con ilusión y sin cuadradillo.

- Soldamos estas tres garras entre sí en línea, dejando las patas de la garra central entremedias de pata y pata de las garras laterales. Estas garras, por la ilusión que se les ha dado, quedarán con la forma de medio anillo por la parte de abajo (fig. 4.27).

Fig. 4.27. *Garras con forma de medio anillo por debajo.*

- Repasamos con suavidad, con una lima de media caña, la base de las tres garras, para que asiente en ella el cuadradillo (que prepararemos a continuación) en todas las partes salientes del picado.

- Para montar el cuadradillo, se prepara una chapa a 7 u 8 décimas de grueso; el ancho y el largo será un poco mayor que lo que miden las garras por su base.

- Damos a esta chapa la forma de brazo (o aro) en el tas de canales con el mango de un embutidor.

- En el palo de medir, ajustamos el cuadradillo al número de medida que necesitamos; luego lo ajustamos a la base de las tres garras.

- Atamos el cuadradillo, con el hilo de atar, a la base de las garras, soldándole a cada uno de los puntos salientes del picado (fig. 4.28).

Fig. 4.28. *Montaje de un cuadradillo atado a la base de las tres garras.*

- Soldado el cuadradillo, se cortará con la sequeta todo el metal sobrante de la chapa, ajustándonos con el corte al contorno de las garras.

- Repasamos con un limón todo el contorno del cuadradillo, ajustándonos también a las garras, y hacemos tres taladros en el cuadradillo en el centro de cada garra.

- Abrimos de bocas cada uno de los tres taladros. Así queda terminada la cabeza del tresillo, a la que se soldará después el brazo (o aro) correspondiente (fig. 4.29).

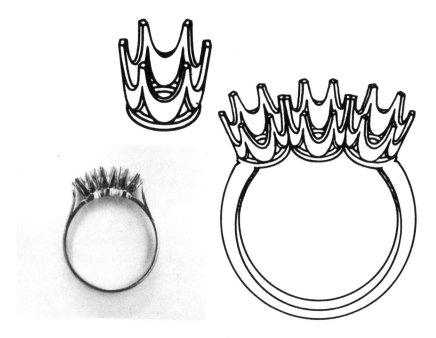

Fig. 4.29. *Tresillo con garras picadas.*

II. BANDAS, MARQUIS Y ORLAS

1. BANDAS

En joyería, banda es una bata volteada, que adquiere una forma peculiar, parecida a una cinta en movimiento. Puede tener aplicaciones diferentes que dependen del acabado que se le dé: con superficie abierta de bocas servirá para el engaste de piedras; con superficies grabadas, en mate, en brillo, etc., servirá como pieza de adorno de un joya.

Para un aprendiz de joyería, adquirir destreza en el desarrollo de bandas es de lo más complicado. Consiste esta técnica en pasar una determinada figura o diseño de banda a la chapa o bata volteada que ha de montarse en una joya, bien para el engaste de una piedra, bien para adorno. Describiremos primero el procedimiento para hacerlo y propondremos luego un ejemplo de verificación.

a) Desarrollo de bandas

Procedimiento

- Dibujamos en un cartón de lija (podría hacerse en otro material) la figura de la banda que tenemos que hacer (fig. 4.30), cuidando de que todas sus dobleces o vueltas estén proyectadas, desdoblándolas, en el dibujo con máxima exactitud.

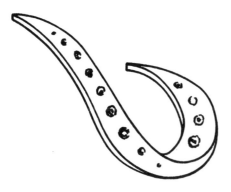

Fig. 4.30. *Banda que vamos a desarrollar.*

- Recortamos la silueta del dibujo con la tijera y la volteamos con los dedos, intentando reproducir las dobleces de la banda-modelo reproducido en la lija.

- Verificamos si este volteo es exacto, colocando la figura de lija sobre la banda-modelo (fig. 4.31) de la pieza que vamos a realizar. Veremos así si hay correspondencia exacta.

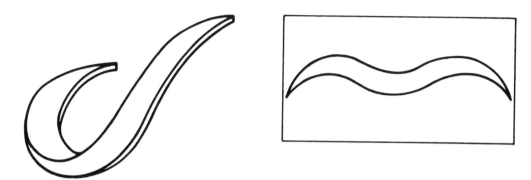

Fig. 4.31. *Figura de la banda proyectada en el dibujo.*

- Comprobada la correspondencia, se endereza la pieza hecha de lija y se pasa a reproducir esta pieza en la bata o chapa.

Nota:

- *Es importante observar bien los cantos de la banda-modelo, que son los que nos darán el volumen del movimiento que hemos de reproducir en el volteo de la bata o chapa.*

- *En el metal tenemos que proyectar todas las bandas con mayor longitud que la indicada en la figura de base (fig. 4.31) y dibujarlas algo más abiertas, puesto que el modelo de origen las presenta con todo su volumen, mientras que nosotros tenemos que partir, en la chapa o en la bata, de una superficie plana.*

Ejemplo de verificación

- Nos fijamos en la banda que nos sirve de modelo de base, reproducida en el dibujo.

- Preparamos una chapa o bata con sus medidas adecuadas (ancho, largo, grueso).

- Con los alicates volteamos la chapa o bata, siguiendo los dobleces diseñados en el dibujo que reproduce desarrollada la banda-modelo.

Nota:

Os aconsejo que lo hagáis en bata, siempre que la pieza lo permita. Así necesitaréis menos material y emplearéis menos trabajo.

Fig. 4.32. *Banda terminada.*

- Volteada la bata o chapa, se liman sus perfiles. Es de suma importancia que no modifiquemos la inclinación de los cantos de la banda al limar los perfiles, para que la pieza pueda causar una impresión de movimiento (fig. 4.32).

b) Bandas para piedras baguette con 2 patas postizas

El procedimiento que seguimos para preparar estas bandas, es éste:

- Preparamos una bata de 30 décimas de ancho y 12 de grueso.

- En la superficie de esta bata señalamos con el compás divisiones de 4 mm de largo. Así quedan trazados unos rectángulos.

- Marcamos estos trazos con la segueta y aplanamos los cantos de la bata con la lima.

- Hacemos un taladro en el centro de cada rectángulo, abrimos de bocas en forma rectangular y en cono, dejando en su superficie, en cada boca abierta, 2 ½ décimas de filetín (fig. 4.33).

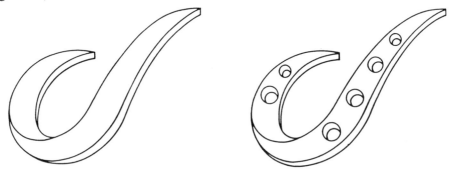

Fig. 4.33. *Banda con sus bocas abiertas para dos patas.*

- Entre boca y boca se hace un pequeño corte con la segueta.

- Preparamos una pinza de hilo en forma de *U*, de 7 décimas de grueso.

- Colocamos entre las bocas por el lateral y la soldamos a la bata. Así tenemos 2 patas postizas, cada una de las cuales servirá para engastar dos piedras, una en cada boca abierta en la banda.

Procediendo de la misma manera, continuamos montando las patas hasta el final de la banda.

c) Banda para baguette con 4 patas postizas

Para hacer estas bandas de cuatro patas, seguimos el mismo procedimiento que en el caso anterior:

- Preparamos la bata con las medidas indicadas, trazamos los rectángulos, hacemos los taladros correspondientes y abrimos de bocas.

- Damos con la segueta unos cortes laterales donde vamos a colocar las patas.

- Colocamos las dos pinzas en forma de *U* en estos cortes y las soldamos a la bata.

Así cada piedra estará engastada por cuatro patas (fig. 4.34).

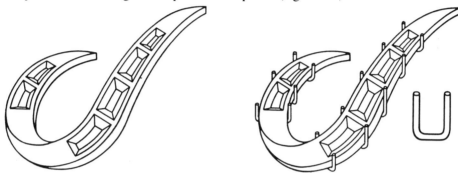

Fig. 4.34. *Banda con cuatro patas.*

d) Bateado con luz

El bateado con luz sirve para dar más volumen a las bandas. Para hacerlo, seguimos este procedimiento:

- Se prepara la bata y se abre de bocas como en el caso anterior.

- Por la parte de atrás de las bocas abiertas en la banda colocamos en el centro de cada boca unos trozos trasversales de un hilo cuadrado de 8 ó 9 décimas de grueso (fig. 4.35).

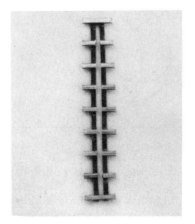

Fig. 4.35. *Hilo cuadrado, en forma de U, soldado a los hilos transversales.*

- Soldamos estos hilos a los dos lados de la banda. Así lo hacemos con todos los hilos trasversales puestos en las bocas abiertas, que necesitemos.

- A continuación, se coloca, en la parte de atrás de la banda y encima de los hilos trasversales, un hilo cuadrado en forma de *U*.

- Con hilo de atar, atamos esta *U*, para su mayor sujección, a los puntos soldados de los hilos trasversales y la soldamos a estos puntos. De esta forma, banda, puntos de hilo y la *U* quedan hechos una sola pieza (fig. 4.36).

Fig. 4.36. *Trozos de hilo colocados transversalmente en las bocas de la banda.*

- Introducimos el pelo de la segueta por las bocas abiertas y cortamos los hilos trasversales que cruzan el interior de las bocas por los dos lados.

- Repasamos con el *limatón triángulo* el perfil de la banda.

- Lijamos este perfil.

- Con la segueta, iniciamos unos cortes laterales, donde se colocarán y soldarán las horquillas en forma de *U*, dejándolas 3 mm más altas que las bocas para que sirvan como patas de engaste; las patas de engaste deben tener 25 décimas de altura.

- Cortamos la parte doblada del hilo de las patas de engaste por la base de la banda y la aplanamos con un limatón.

- Lijamos la pieza, que así queda terminada (fig. 4.37).

Fig. 4.37. *Banda en bateado con luz.*

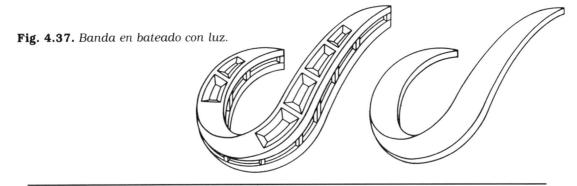

Nota:

Si la bada es algo más ancha que el ejemplo propuesto, los puntos de hilos se colocarán sin atravesar la banda, para que no sobresalgan por el interior del bateado. Para ello se coloca el bateado en la banda, se da un punto de soldadura para unir banda y bateado y se coloca un punto de hilo para dar altura, y así tantos puntos como necesite la banda. Esto se hará igual en el otro lado de la banda su fuera necesario.

---

e) Banda para piedras en forma de trapecio

En este tipo de bandas podemos hacer la misma colocación de patas que hemos descrito. Las patas se colocarán en la parte más alargada de la boquilla

Se pueden engastar con dos patas por piedra o con cuatro, ya que este tipo de engaste se hace con una piedra tocando a la otra para evitar así su huída lateral. Cada pata engasta dos piedras; en todo caso, al final de la banda se deben colocar una patas en sus cantos para evitar que se caigan las piedras engastadas (fig. 4.38).

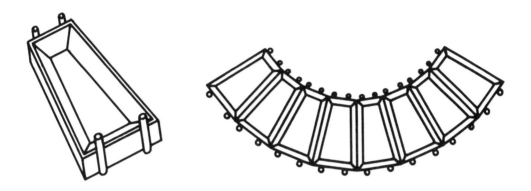

Fig. 4.38. *Bandas para piedras con forma de trapecio.*

Nota:

La piedra redonda se puede montar exactamente igual en bandas con patas postizas. Para ello se sigue el mismo procedimiento que en el caso anterior en el montaje de patas y bateado.

Lo importante, a la hora de montar cualquier gema, es procurar que ésta nos presente la cara. Es frecuente observar en joyas de gran valor que las gemas, por un mal montaje, no dan la cara en ninguna posición.

---

2. MARQUIS

Los marquís son boquillas que sirven para engastar las piedras de tipo marquís. Estas piedras presentan forma de barco. Describiremos el procedimiento para preparar marquís y para el montaje de marquís en escalera.

a) Preparación de boquillas para marquís

Describimos dos modalidades de procedimiento: procedimiento con *corte sencillo* de asas y procedimiento con *corte de inglete.*

41

Procedimiento con corte sencillo de las asas

- Preparamos un hilo redondo de 6 décimas.

- Lo entorchamos al diámetro que necesitamos y cortamos las asas del entorchado (fig. 4.39).

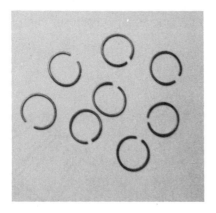

Fig. 4.39. *Asas del entorchado cortadas para marquís.*

- Volvemos a cortar estas asas por la mitad.

- Las colocamos en un cartón de amianto, dando a los hilos forma de ojo (marquís), que se cierran o abren según el tamaño del marquís, y los soldamos por sus extremos.

- Soldados los hilos por sus extremos, se repasan las partes sobrantes. Así queda el marquís preparado para seguir su montaje (fig. 4.40).

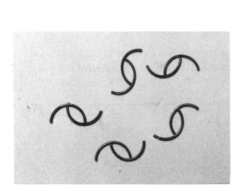
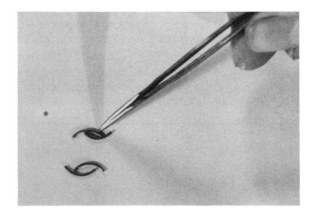

Fig. 4.40. *Marquís preparado.*

Procedimiento con corte de inglete

Hay otra forma de preparar marquís, que describimos a continuación:

- Partiendo de la mitad del asa cortada del hilo entorchado, se le da al hilo por su mitad un corte de inglete.

- Doblamos el hilo por este corte de inglete y le damos otro corte por el mismo sitio que el anterior, para cerrar el marquís (fig. 4.41).

- Volvemos a doblar el hilo hasta que se monten sus puntas por el otro extremo (fig. 4.42).

- Con el disiem tomamos la medida exacta del marquís.

- Introducimos el pelo de la segueta dentro del marquís y cortamos los extremos del hilo que están montados, dando un corte hacia fuera del marquís.

Fig. 4.41. *Hilo con corte de inglete para el marquís.*

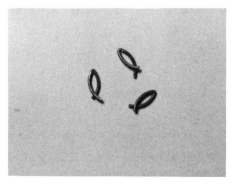

Fig. 4.42. *Hilo doblado con sus puntas montadas.*

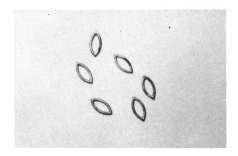

Fig. 4.43. *Marquís soldado por sus ángulós.*

- Cerramos el marquís por este corte y soldamos sus dos ángulos (fig. 4.43).

Este procedimiento, que parece lento, es de gran limpieza y, además es recomendable por la gran precisión que se consigue en las medidas del marquís.

b) Montaje de marquís en escalera.

Para realizar este montaje, seguimos este procedimiento:

- Hechos todos los marquís, preparamos un hilo de 7 décimas.

- Enderezamos el hilo, lo cortamos por la mitad, lo colocamos en forma de aspa sobre el ladrillo que nos sirve de apoyo para soldar, y soldamos en el punto de cruce del aspa.

- Doblamos los cuatro hilos hacia arriba desde el punto en que se cruzan, formando una especie de garra de cuatro patas (fig. 4.44).

- Colocamos el marquís en el interior de estas cuatro patas, dejando 3 mm de altura entre el marquís y las puntas de las cuatro patas; ésta será la altura de pata para el engaste.

Fig. 4.44. *Hilos doblados hacia arriba.*

- Soldamos el marquís en estas cuatro patas.

- Por debajo de este marquís, colocamos otro (introduciéndole en posición vertical entre las patas, como en el caso de las garras de hilos) en el centro del espacio que hay entre el primer marquís y el cruce soldado de los hilos; introducimos otro marquís y lo soldamos igual que el anterior.

- Debajo unos de otros, vamos introduciendo marquís en la escalera; la separación entre marquís y marquís será de 4 mm. Colocando otros marquís a 1 mm de distancia en los soldados enteriormente, quedando así configurado el marquís con la altura de engaste en sus patas (fig. 4.45).

Fig. 4.45. *Marquís en escalera.*

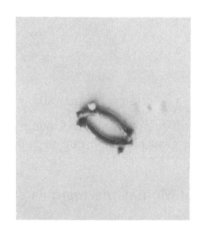

Fig. 4.46. *Boquilla para marquís.*

- Terminada la escalera, se aplanan las patas de engaste del primer marquís y se cortan los hilos por la base del segundo marquís. Así se van cortando todos los marquises, cuidando de que cada uno quede con sus patas de engaste a la altura debida (2 ½ mm).

- Una vez cortados, se pasa a repasar las boquillas por la parte de abajo y se lijan. Así quedarán preparadas para su montaje (fig. 4.46).

c) Variante de procedimiento para rematar marquís, garras y boquillas.

Hay otra forma de rematar marquís, garras y boquillas por la parte de abajo. He aquí el procedimiento:

- Si vamos a hacer *marquís*, cruzamos y soldamos el hilo en forma de aspa; si vamos a hacer *garra redonda* cruzamos y soldamos los hilos en forma de cruz; si hacemos *boquillas ovales*, cruzamos y soldamos los hilos en forma de aspa; si son *boquillas redondas,* cruzaremos los hilos y soldaremos en forma de cruz.

- Doblamos los hilos hacia arriba por la parte de su cruce, haciendo una especie de tubo, como antes se ha explicado.

- En el interior de este tubo hecho con los hilos doblados, colocamos, a 25 décimas de las puntas, un asa, una boquilla o un marquís.

- Soldamos esta pieza a los cuatro hilos del tubo.

- Inclinamos las puntas de los hilos en forma de cono, dejando el diámetro de su vértice a menor anchura que la del asa antes soldada (lo mismo vale para marquís o boquilla) (fig. 4.47).

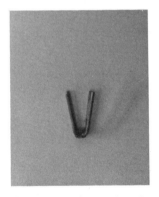

Fig. 4.47. *Hilos inclinados en forma de cono.*

Fig. 4.48. *Marquís soldados al aire.*

- Se aplanan las superficies de las cuatro patas y se coloca encima de estos planos otra asa, boquilla o marquís de medida más reducida.

- Soldamos al aire este asa, boquilla o marquís a los cuatro puntos de los hilos con payones muy pequeños (fig. 4.48).

- Introducimos en el interior del tubo formado por los cuatro hilos, como ya se ha explicado, tantas asas, marquises o boquillas como necesitemos, a 5 mm. de distancia unos de otros, para poderlos cortar.

- Introducidas todas las asas mayores (marquises, boquillas) y formada la escalera, doblamos en forma de cono los hilos sobresalientes de la primera pieza (garra, marquís o boquilla).

 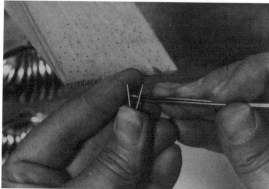

Fig. 4.49. *Cono de una garra con su asa menor.*

- Aplanamos estos hilos inclinados y en el vértice del cono colocamos un asa (marquís o boquilla) menor (fig. 4.49).

- Soldamos este asa al cono.

- A continuación cortamos los hilos del tubo de la escalera por debajo del asa mayor (marquís o boquilla), a una distancia de 2 ½ mm. Estos hilos sobresalientes serán las patas de engaste en la pieza, que se aplanan con un limatón triángulo.

Con las piezas restantes de la escalera, se procede de la misma forma; cortados los hilos, éstos se cierran en forma de cono, se aplanan y se coloca el asa menor (marquís, boquilla) soldándola y se corta por debajo la pieza a la distancia debida para que quede con sus patas de engaste.

Nota:

Como ya se advirtió al tratar del montaje de marquís en esacalera, es aconsejable seguir este procedimiento de trabajo con las piezas en escalera y no por separado, ya que su reducido tamaño dificultaría realizar las operaciones indicadas.

---

d) Boquillas para marquís en chapa

Chanela para marquís

- Se preparan 2 batas de 7 décimas de grueso y 6 milímetros de ancho, y un largo de 6 centímetros cada una. A estas patas se les da forma en el tas de canales. Para ello se coloca una de las batas a lo largo en el canal del tas de canales.

Fig. 4.50. *Bata en canal para boquilla marquís.*

Fig. 4.51. *Chanela marquis.*

Fig. 4.52. *Trazado de marquis.*

- Colocamos encima de la chapa el mango de un embutidor; golpeamos con el martillo de joyero sobre el mango, y la forma de canal quedará en todo el largo de la bata (fig. 4.50).

- Hacemos la misma operación con la otra bata y pasamos a aplanar los laterales de las 2 batas, para hacerlas ajustar una sobre otra.

- Logrado esto, se atan las 2 piezas, una sobre otra, con el hilo de atar, y se sueldan las juntas de las piezas a todo el largo de la unión.

- Soldadas las 2 piezas, se quita el hilo de atar y se repasa con el limatón las soldaduras, quedando hecha una chanela con la forma de marquís (fig. 4.51).

- Una vez preparada la chanela, se aplana la superficie, se traza con el compás la altura total que queremos dar al marquís, y quedaría así terminado y preparado para el montaje (fig. 4.52).

Fig. 4.53. *Colocación del marquis en la chapa.*

Fig. 4.54. *Marquís acabado.*

e) Marquís en chapa forrado

- Aplanado y cortado a la altura, se le coloca encima de una chapa de 6 ó 7 décimas, y se suelda (fig. 4.53).

- Se corta con la segueta el sobrante de chapa, y repasamos con un limatón en todo el contorno del marquís.

- Se fija esta pieza y quedaría acabada para su montaje (fig. 4.54).

f) Marquís en chapa abierta de bocas

- Se hace todo el proceso anterior y realizamos un taladro o varios en el forro del marquís, abriendo éstos taladros de bocas redondas (fig. 4.55)

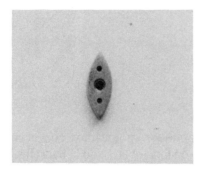

Fig. 4.55. *Marquís abiertos de bocas.*

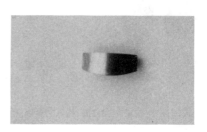

Fig. 4.56. *Limado de chanela con forma.*

g) Marquís en chapa forrados con forma

- Se prepara la chanela exactamente igual que en los casos anteriores, y en la base, en vez limar plano, se lima de forma cóncava (fig. 4.56).

- El forro se prepara de chapa de 6 ó 7 décimas de grueso; se da a esta chapa forma de canal en el tas de canales, siguiendo el procedimiento anteriormente descrito.

- Cortamos los marquís a la altura que necesitamos; se colocan en la chapa la parte limitada con forma, y quedará ajustado el marquís al forro.

- Se suelda éste al forro y se corta con la segueta el metal sobrante; repasamos su contorno con un limatón y se lija toda su parte exterior.

En este procedimiento también se puede abrir de bocas.

h) Marquís picados para engaste

- Se prepara la chapa igual que en los casos anteriores, y aplanamos la superficie del marquís.

- Se traza con el compás la altura de pata, que en este caso será de 1 ½ mm en los dos laterales de la chanela.

- Se hace otro trazo a 2 ½ ó 3 mm. que es la altura que tendrá la boquilla marquís.

- Terminada se hacen 2 nuevos trazos en la superficie de 1 mm. de ancho. Desde cada uno de sus vértices, cortamos por estos trazos hasta llegar a los trazos de altura de patas hechos en los laterales del marquís.

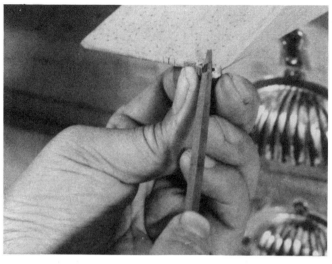

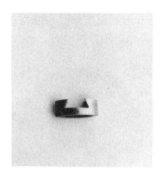

Fig. 4.57. *Marquís picado.*

- Seguimos cortando ahora todo el largo del trazo de altura hasta llegar al corte del grueso de patas, quedando así picado el marquís (fig. 4.57).

- Se repasa este picado con el limatón espada, lijamos esta pieza y cortamos por el trazo de altura, quedando así preparado el marquís para el montaje posterior (fig. 4.58).

Fig. 4.58. *Marquís.*

3. ORLAS

En joyería, la orla es un elemento ornamental, que enmarca y embellece una figura del montaje de la joya. Describiremos el procedimiento para hacer *orlas de chapa* y *orlas de hilos* para un anillo.

a) Orlas de chapa

Estos pueden ser orlas de chapa embutida, picada y con cuadradillo, y orlas también con patas postizas.

Orla de chapa embutida

Se hacen estas orlas siguiendo este procedimiento:

- Preparamos una chapa de 9 décimas de grueso.

- Trazamos en esta chapa un círculo de la medida de la orla que proyectamos hacer.

- Dividimos este círculo en tantas partes como piedras vayan a configurar la orla.

- Cortamos este círculo en la segueta y hacemos su embutido, dando el volumen adecuado a la chapa (fig. 4.59).

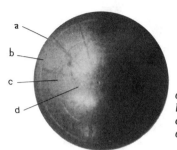

a) para el picado exterior
b) para abrir de bocas
c) para el picado interior
d) para el chatón central

Fig. 4.59. *Círculo de chapa embutido para orla.*

Fig. 4.60. *Círculos trazados en la chapa embutida.*

- Trazamos otro cículo en el contorno del círculo embutido, repasamos los cantos con el limatón triángulo y limamos ajustándonos a este círculo para redondear la pieza.

- Trazamos un nuevo círculo a 1 mm de distancia del anterior, para el picado exterior de la orla; otro más pequeño, para abrir de bocas, y otro menor que éste para el picado interior; trazamos uno más, menor que el anterior, y trazamos una pequeña cruz en éste círculo, que nos servirá para ajustar después el chatón central (fig. 4.60).

- Hechos estos trazos en la orla, hacemos unos taladros en los centros de las divisiones y abrimos de bocas redondas toda la orla, dejando metal entre boca y boca, el mismo que vamos a dejar en los laterales del picado.

- Pasamos luego a picar su contorno exterior, si proyectamos hacer una orla picada (fig. 4.61).

Fig. 4.61. *Orla de chapa embutida picada y chatón central.*

Fig. 4.62. *Orla picada.*
a) picado exterior
b) picado interior
c) taladros para el calado
d) cruz central

Orla picada (fig. 4.62)

El procedimiento es el siguiente:

- Concluido el embutido de la orla, pasamos a picar su contorno exterior, ajustándonos a las formas de las bocas abiertas y dejando un grueso de 6, 7 ú 8 décimas (depende del metal que ha de verse alrededor de las piedras).

- Para hacer este picado, damos cortes con la segueta desde fuera hacia el círculo trazado para el picado exterior.

- Hechos estos cortes, picamos toda la orla por el exterior.

- Picamos también por la parte interior, haciendo la misma operación que antes en el círculo interior.

- Calamos el centro haciendo cuatro taladros y dejando una parte de metal en forma de cruz en el centro de la orla. Con el picado damos forma a las bocas.

- Repasamos el picado con limatón espadín.

- Picada la orla, pasamos a montar el cuadradillo.

Orla con cuadradillo

Todas las orlas se montan con cuadradillo. El procedimiento es el siguiente:

- Hacemos una casquilla embutida del tamaño de la orla.

- Se unen casquilla y orla por un pequeño punto de soldadura.

- Picamos la casquilla (o cuadradillo), ajustándonos en el picado al picado del contorno de la orla.

Nota:

Esta operación se puede efectuar uniendo las dos piezas con goma - laca, que haría las veces del punto de soldadura.

Fig. 4.63. *Cuadradillo para orla.*

Fig. 4.64. *Cuadradillo para orla. con la forma del brazo en su base.*

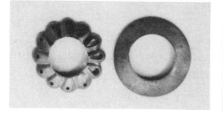 

- Limado el cuadradillo con la forma de la orla, se despega de la goma - laca o se desuelda el punto de soldadura (fig. 4.63).

- Se quitan las rebabas con el limatón y se pasa a dar en la base del cuadradillo la forma del brazo con una lima de media caña. El resto del cuadradillo se puede calar o gallonear (fig. 4.64).

- Hecha esta operación, se procede a soldar la casquilla a la orla en la misma posición que tenía.

- Hacemos un chatón, con ilusión o sin ella.

- Con la segueta hacemos un ajuste en la base del chatón y los ajustamos a la cruz (fig. 4.65) para atarlo en esta cruz calada en el centro de la orla, de modo que no se mueva al soldarlo.

Fig. 4.65. *Ajuste en cruz de la base del chatón.*

- Soldado el chatón, se mete el palo de la segueta en el chatón y se corta la cruz por su parte interior.

- Por último, colocamos el brazo del anillo que nos interese en la orla. (fig. 4.66)

Así se hacen las orlas para engaste sin patas portizas, que pueden ser ovales, rectangulares, etc.

Fig. 4.66. *Orla con chatón, cuadradillo y brazo.*

Orlas con patas postizas

Las orlas de chapa pueden llevar patas postizas. Sirven estas orlas para el montaje de cualquier pieza de joyería (anillos, pendientes, etc.). El procedimiento para prepararlas consiste en dos operaciones principales:

- El montaje de las patas postizas.

- La colocación del cuadradillo.

Para el montaje de las patas postizas:

- Comenzamos haciendo las mismas operaciones que en el caso de la orla de chapa embutida y sin patas.

- Al abrir de bocas, se deja entre boca y boca un grosor de 2 ½ décimas.

Fig. 4.67. *Horquillas colocadas entre las dos bocas.*

- Entremedias de las dos bocas colocamos una horquilla en forma de *U* de un grueso de 8 décimas (fig. 4.67). Estas patas son las que engastarán las dos piedras. A veces tendremos que colocar un pata más en el lomo de la boca; esta pata puede ser más fina.

- Cortamos las *U* por el frente, dejando la altura de pata para su engaste.

- Repasamos las patas con un limatón, dejándolas todas a la misma altura y con la misma inclinación.

- Cortamos y cerramos los hilos de la otra cara, quedando en forma de cesta, y se cortan a la altura necesaria.

Fig. 4.68. *Orla con patas postizas.*

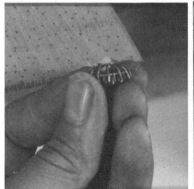

Fig. 4.69. *Orla con cuadradillo ajustado a la forma del brazo del anillo.*

- Los limamos en plano o con la forma del brazo del anillo (fig. 4.68).

Para la colocación del cuadradillo en una cesta de base plana:

- Al cuadradillo que vamos a colocar y soldar en la base de la cesta, le daremos la altura suficiente para limarle y ajustarle a la forma del brazo del anillo, que tiene que quedar soldado perfectamente en todos los hilos de la cesta (fig. 4.69).

Proponemos una variante de orla con patas postizas. En el centro de la orla para el anillo, por la parte de abajo, se puede dar un acabado diferente a la cesta de hilos, que hace de cuadradillo. Consiste en lo siguiente:

- *A la base de la cesta de hilos, se le da la forma del brazo del anillo con la lima media caña.*
- *Con un hilo de cuadrado de 8 ó 9 décimas, hacemos una asa.*
- *En el tas de canales, damos a este asa la forma de media caña y la soldamos a todos los hilos por la base de la cesta.*
- *Colocamos una garra de patas postizas en el centro de la orla y la soldamos.*
- *A continuación soldamos el brazo del anillo al cuadradillo (fig. 4.70).*

Fig. 4.70. *Anillo de orla acabado.·*
cesta de hilos
asa soldada
garra de patas postizas
brazo del anillo soldado al cuadradillo

b) Orlas de hilos

Estas orlas son las que se hacen con hilo redondo. Todos los modelos de orlas antes descritos pueden hacerse de hilos. En este caso utilizaremos cera de modelar y escayola. El procedimiento es el siguiente:

- Entorchamos unas asas a la medida deseada.
- Cortamos las asas y las cerramos.
- Aplanamos la cera de modelar y colocamos en ella las asas de hilo haciendo con ellas la forma de la orla que proyectamos (fig. 4.71).

Fig. 4.71. *Asas colocadas en la cera de modelas formando la orla. Los pasos a seguir se muestran en las siguientes fotografías.*

54

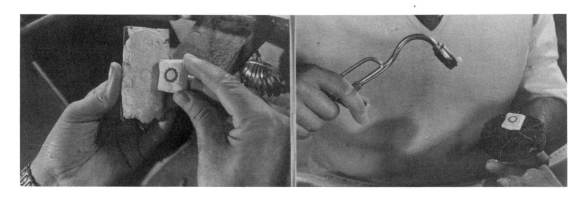

- Montada la orla y unidas las asas por sus cortes, damos bórax a las uniones entre asa y asa en todos los puntos a soldar.

- Se hace la escayola y se vacía sobre la orla montada en la cera; se deja secar la escayola y se separa de la cera. La orla de asas quedará en la escayola.

- Colocamos los payones de soldadura en todas las uniones de las asas y soldamos todos los puntos de soldadura.

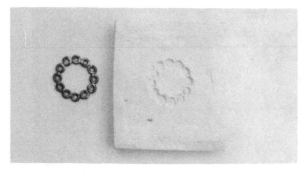

Fig. 4.72. *Molde de la orla en la escayola.*

Fig. 4.73. *Orla introducida en las patas de otra orla.*

- Con cuidado levantamos de la escayola la orla, que quedará marcada en la escayola y nos servirá de molde para hacer otra orla exactamente igual (fig. 4.72).

- Para hacer otra orla igual, colocamos las asas en el molde de escayola, ajustándonos a su diseño y soldándolas como en la primera orla. Hecha la soldadura se levanta la orla como en el.caso anterior.

- A continuación, hacemos unas horquillas en forma de *U*, con una pata más larga que la otra, y se va colocando cada una entre dos asas.

- Soldadas estas patas a las asas en su interior y exterior, introducimos la otra orla en estas patas, dejándola separada de la primera 15 décimas. (fig. 4.73).

Fig. 4.74. *Hilos cerrados en forma de cesta para orla de un anillo.*

Fig. 4.75. *Anillo de orla de hilos y garra central.*

- Soldamos a todas las patas la orla introducida. Si hubiera huida de las piedras por el lomo de las asas, se coloca otra pata de hilo en forma de horquilla por este lomo de las asas y se cortan todas las patas a la misma altura.

- Limamos todas las patas por igual, cerramos todos los hilos dándoles forma de cesta, y limamos en plano o con la forma del brazo del anillo, que terminamos con la misma operación hecha en el caso de montaje con cuadradillo (fig. 4.75).

Nota:

Si estas orlas fueran para pendientes, se harían igual, pero en su acabado en la cesta se limarían los hilos en plano para que su cuadradillo fuera también plano.

Hemos visto en el tema anterior cuáles son y cómo se preparan los elementos necesarios para el engaste de piedras preciosas en las joyas. Ahora centramos el trabajo en las técnicas para hacer el engaste. El conocimiento y la práctica de estas técnicas representan un nivel de especialización en el oficio de la joyería; el engastador es un artífice especialista. Encajar las piedras en la joya que se está montando es una operación delicada y compleja, de la que dependen la calidad técnica y artística de la pieza de joyería.

Ofrecemos ahora una información básica sobre las técnicas de engaste, cuyo conocimiento es fundamental para el artífice joyero. En un próximo volumen desarrollaremos con mayor precisión los procedimientos de engaste que han de ser conocidos con detalle por el especialista engastador.

OBJETIVOS ESPECIFICOS

- Conocer la dureza de las gemas.
- Adquirir unos conocimientos básicos sobre las diferentes técnicas para engaste.

CONTENIDOS

I.   Dureza de las gemas.

II. Ajuste de gemas.

I. DUREZA DE LAS GEMAS

Es imprescindible que el artífice joyero conozca muy bien la dureza y tallas de las gemas, para que pueda dar el tratamiento adecuado a sus piezas al realizar el engaste de las piedras.

1. ESCALA DE MOHS

La dureza de las piedras se mide por la escala de Mohs. Friedric Mohs (1773-1839) fue un mineralogista alemán, que ideó esta escala para medir la dureza de las gemas.

ESCALA DE MOHS			
Diamante	10	Apidota	6,5
Zafiro	9	Hematiste	6,5
Rubí	9	Tanzanita	6,5
Alejandrita	8,5	Amazonita	6
Crisoberilo	8	Feldespato	6
Espinela	8	Opalo	6
Topacio	8	Piedra Luna	6
Circón	7,5	Pirita	6
Turmalina	7,5	Rodonita	6
Turquesa	7,5	Marcasita	6
Berilo	7,5	Nefritis	6
Aguamarina	7,5	Sodolita	6
Almandina	7,5	Cristal disteno	5,7
Andalucita	7,5	Lapislázulo	5,5
Coridón	7,5	Lazulita	5,5
Esmeralda	7,5	Astrón	5,5
Agata	7	Apatita	5
Amatista	7	Obsidiana	5
Cornalia	7	Malaquita	4
Fadeita	7	Fluotirta	4
Venturina	7	Coral	4
Calcedonia	7	Aragonito	3,5
Onice (ónix)	7	Azurita	3,5
Cuarzo	7	Perla	3
Jaspe	7	Ambar	2,5
Peridoto	6,6		

Observaciones:

- Una piedra dura, como el diamante, puede romperse; el diamante no se raya, pero puede esmerilarse y romperse, si sufre una presión sucesiva, provocada por una garra o chatón demasiados forzados, o por una caja o ajuste mal preparado o por la presión del útil. Esto es válido para todas las piedras.

- Para el engaste de las piedras con dureza 10 como el diamante, o dureza 9 (el coridón) o de 8,5 como la aljandrita, el engastador repasará las patas con limatones, lijará y pulirá las partes trabajadas (fig. 5.1). Las piedras con esta dureza son insensibles al ataque de estas herramientas y a los abrasivos.

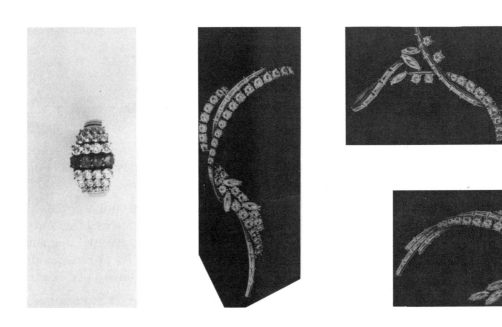

Fig. 5.1. *Piedras engastadas con patas redondas.*

- No ocurre lo mismo con el ópalo, los cuarzos y otras gemas con dureza inferior a 6, que pueden ser dañadas, si no se toman las debidas precauciones.

2. LAS PIEDRAS FINAS

Se pesan en quilates; un quilate se divide en 100 puntos y es igual a 1/5 de un gramo (fig. 5.2).

Los diamantes y demás gemas son tan preciosos que tienen que ser pesados mediante balanzas de suma precisión; bastaría un soplo de aire para desnivelar esta balanza. Hay que evitar, por lo tanto, pesar donde exista corriente.

peso quilates fig. 5.2

diámetro mm.

peso quilates		diámetro mm.
0,03	○	2,0
0,05	○	2,5
0,07	○	2,7
0,10	○	3,0
0,15	○	3,4
0,20	○	3,8
0,25	○	4,1
0,33	○	4,4
0,40	○	4,8
0,50	○	5,2
0,65	○	5,6
0,75	○	5,9
0,85	○	6,2
1,00	○	6,5
1,25	○	7,0
1,50	○	7,4
1,75	○	7,8
3,00	○	9,3
4,00	○	10,2
5,00	○	11,0
6,00	○	11,7

Fig. 5.2.

3. TALLAS DE PIEDRAS PRECIOSAS

He aquí la tabla de tallas más conocidas y sus correspondientes números en facetas:

Talla sencilla (17)
Talla brillante (58)
Talla corazón (65)
Talla oval (58)
Talla marquesa (58)
Talla pera (58)
Talla baguette (21)
Talla esmeralda (50)

Observaciones:

- El número de facetas en las tallas esmeralda y baguette varía según el tamaño de la piedra.

- Durante el proceso de la talla se pierde aproximadamente el 40 al 60 % del peso del material bruto, incluso en la talla más perfecta.

- Una buena talla puede ser reconocida por la óptima concentración de la luz y los efectos de los reflejos a través de las superficies superiores. La dispersión de luz a través del diamante es una de las más admirables entre todas las producidas por cualquiera de las otras piedras preciosas naturales que existen.

- La garantía de la talla de un diamante debe ser avalada por el conocimiento y experiencia del joyero (fig. 5.3).

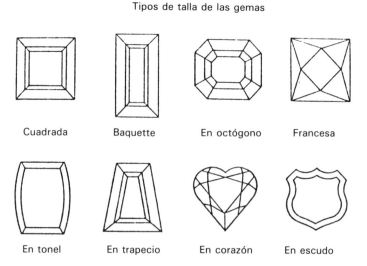

Tipos de talla de las gemas

Cuadrada   Baquette   En octógono   Francesa

En tonel   En trapecio   En corazón   En escudo

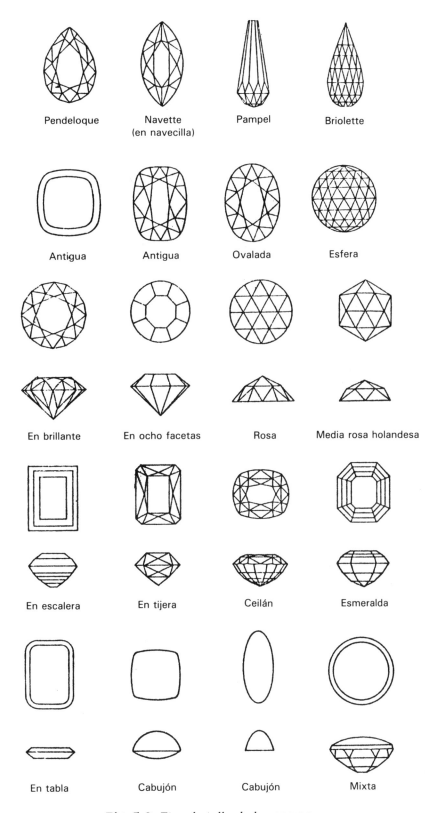

Fig. 5.3. *Tipo de talla de las gemas.*

II. AJUSTE DE GEMAS

Consiste esta operación en repartir las gemas sobre toda la joya y en abrir con cuidada regu
laridad las bocas donde se alojarán las piedras. Este trabajo es realizado, en general, por el
artífice joyero. El debe distribuir la pieza con precisión, dejando espacios libres que ocuparán
después los granos de engaste.

Expondremos, en primer lugar, unas orientaciones generales para la realización del ajuste
de gemas y luego describiremos las técnicas de engaste.

1. ORIENTACIONES GENERALES

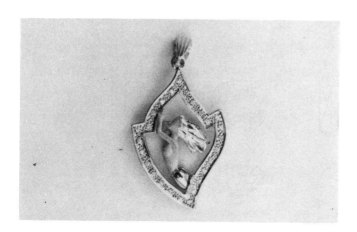

Fig. 5.4. *Forma de calle en una
pieza.*

- Sobre una forma de calle (ver fig. 5.4) o espacio entre paralelas se utilizarán, en cuanto
  sea posible, piedras del mismo tamaño, de manera que al dar brillo quede todo el esplen-
  dor por igual en toda la pieza.

- Sobre las piezas abombadas cóncavas, el espacio entre las piedras debe ser mayor que
  en una pieza lisa.

- El reparto de piedras sobre piezas asimétricas se hace de la siguiente forma:

  - se dibuja, con tinta china o lápiz, el emplazamiento de las gemas sobre la pieza;

  - se rellena el mayor espacio posible con adorno, teniendo en cuenta el grosor de las
    piedras que se van a en gastar.

- Nunca se deben mezclar piedras grandes y pequeñas, porque se crean zonas de brillos muy fuertes y de manchas oscuras. No mezclar tampoco calidades diferentes, ya que el precio de las gemas juega un papel importante.

- La boca debe ser inferior al tamaño de las piedras, para que el artífice pueda asentar y ajustar la gema.

2. TECNICAS DE ENGASTE

En joyería, se entiende por engaste el sujetar o fijar una o varias gemas en las joyas. Las modalidades de engaste son múltiples.

a) Ajuste con luz

La técnica del ajuste con luz consiste en abrir de bocas por la parte de atrás de la pieza, una vez hechas en su superficie de cara. El ajuste con luz adorna la parte de atrás de la pieza.

Se puede hacer el ajuste con luz de diferentes formas; en todo caso nos debemos ajustar al contorno o forma de la pieza. La inclinación de los cortes del abierto de bocas por detrás no debe restar seguridad a la gema; por esto, los tabiques deben ser más estrechos que los filetes de los bordes o separación entre piedra y piedra (fig. 5.5).

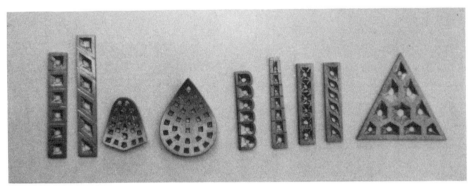

Fig. 5.5. *Ajuste con luz adaptado a la forma de la pieza.*

El ajuste con luz permite que los rayos de luz penetren en la gema y salgan de nuevo a fin de producir el máximo resplandor. Sin este ajuste, la piedra sobre la pieza quedaría con su culata tapada en el metal, impidiendo así toda refracción.

Esta técnica es válida para todas las gemas, a excepción del brillante; por sus características, el brillante consigue tener mayor brillo que el que tiene cualquier piedra preciosa, debido a su poder de doblar los rayos de luz (refracción) y descomponerlos en los colores del espectro (dispersión), despidiendo un fuego y centelleo exclusivo.

b) Cascada de granos

Entendemos por ''granos'' en joyería unas tallas levantadas en la chapa de engaste y redondeadas perfectamente, hechas por el engastador con buriles.

Fig. 5.6. *Cascada de granos.*

Con frecuencia, las piezas terminan en punta; en estos lugares es difícil que entre una piedra, ya que no tenemos anchura suficiente. Esto nos obliga a rematar la pieza con granos en hilera para tener una continuación proporcionada del filetín de la pieza y obtener un brillo regular (fig. 5.6).

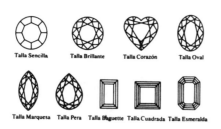

Fig. 5.7. *Piedra:*
Tabla
Corona
Filetín
Culata

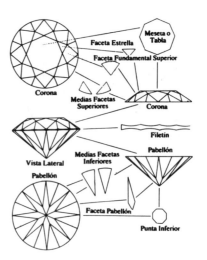

c) Engaste de granos (fig. 5.8)

Se puede engastar con dos, tres o cuatro granos por piedra y meter entre piedra y piedra granos decorativos. Después se adorna y se hace el filetín.

En una piedra preciosa, se distinguen estas partes:

- *tabla* o *meseta*, que es la parte principal de la piedra;
- *coronoa:* parte de la piedra que va desde la tabla hasta el filetín;
- *filetín:* línea que marca la diferencia entre corona y culata de la piedra;
- *culata:*parte inferior de la piedra por la que ésta se asienta para el engaste (fig. 5.7).

Para un engaste con forma, las variantes son numerosas. Los importantes es no tener agujeros negros y formar el máximo de granos para dar brillo a la piedra.

Fig. 5.8. *Engaste a granos decorativos*

---

d) Ajuste de piedras calibradas

Se denominan "piedras calibradas" porque hay que ajustarlas y montarlas en un determinado espacio, proporcionado bien a la medida de la piedra, bien a la medida de la pieza. Estos engastes se hacen en bandas y se utilizan sobre todo en alta joyería, pues suelen ser piedras de precio muy elevado (fig. 5.9).

Fig. 5.9. *Juego de anillo y pendientes con piedras calibradas.*

Hay dos formas de proceder para realizar estos trabajos:

- Una consiste en abrir las bocas en las bandas, terminar la pieza y enviarla al lapidario para que talle y ajuste las gemas al abierto de bocas de la pieza.

- La otra forma de trabajar consiste en que, teniendo ya las gemas, las colocamos en cera de modelar para abrir de bocas la banda y ajustar las piedras. Para ello, con el compás trazamos el filetín y dibujamos en la banda el emplazamiento de las piedras. Entre cada una de ellas dejamos un tabique para asegurar cada piedra. Una vez que el ajuste se haya efectuado, bajamos el tabique de manera que éste llegue por debajo de la banda de engaste.

e) Engaste mixto

Para conocer en qué consiste el engaste mixto, exponemos a continuación el procedimiento que se sigue para realizar este tipo de engaste:

- El asiento de piedras lo hace el engastador utilizando la fresa, dejando todas al mismo nivel. La tabla de las piedras ha de llegar a la superficie del metal.

- Levanta los granos y hace recorte en la pieza.

- Luego levanta una talla de metal del costado exterior de la bata de manera que, cuando recueste el grano sobre la piedra, no pueda ésta moverse de su asiento o ajuste.

- El engastador recuesta los granos sobre las piedras con ayuda de un apretador y rebaja la bata exterior central de la corona de la piedra.

- A continuación repasa el engaste de la pieza con el martillo mecánico y la suaviza con el limatón. Con la cuchilla hace un bisel en el exterior de engaste (recordamos que bisel es el corte oblicuo que se hace en la extremidad de una lámpara o plancha).

- Para obtener un brillo regular, se planean los granos del engaste interior y se repasa la pieza, si fuera necesario (fig. 5.10).

Fig. 5.10. *Engaste mixto.*

f) Engaste cincelado en piedras "cabuchons"

Esta técnica se aplica, por lo general, al engaste de piedras de cuarzo, piedra de luna, turmalina, etc. Piedras éstas de formas redondas, ovales, semirredondas, sin facetas. Sus bases son planas o ligeramente curvas (fig. 5.11).

Fig. 5.11. *Engaste para piedras "cabuchons".*

La técnica de engaste cincelado para piedras "cabuchons" es sencilla. Haremos una somera descripción del procedimiento que sigue el engastador:

- Utilizando un apretador o cincel, rebate contra la piedra el metal que se va a engastar.

- En general, no será necesario hacer caja en la boquilla, ya que el sacador de fuego deja preparadas las boquillas y chatones para el ajuste.

- Estas boquillas o chatones cilíndricos serán de un espesor medio (de 8 décimas); el engastador ajustará la bata del chatón o boquilla a la piedra; una chapa soldada en la base del chatón o boquilla sirve de apoyo a la piedra.

- Si la base de la piedra es curva, el engastador fresará el fondo del chatón para ajustar bien la base de la piedra.

- Si el grueso de la piedra es considerable, empleará el cincel y el martillo de cincelar para engastar la piedra. Si se trata de un boquilla de un grueso más fino, colocará el chatón en un fuste y rebatirá el metal con un apretador o martillo mecánico.

- Luego con un cincel y el martillo de cincelar golpeará el chatón o boquilla oblicuamente; si se hiciera en vertical, el metal plegaría y no podría ajustarse perfectamente a la piedra.

- Una vez que el metal del chatón pega contra la piedra, el engastador golpeará ligeramente en vertical para igualar la forma de la parte de arriba.

- Después limará el bisel con un limatón suave y repasará la rebaba producida por el limatón sobre el bisel.

g) Engaste cincelado en plano

El engaste cincelado consiste en rodear la mayor parte del filetín de la piedra con metal (fig. 5.12). Es importantísimo que el asiento de la piedra en su caja sea perfecto. Las piedras utilizadas más frecuentemente en esta forma de engaste son el onix, ágata bicolor y algunas otras.

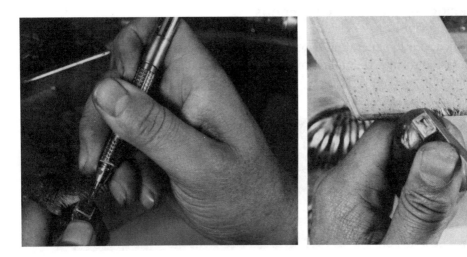

Fig. 5.12. *Cincelado en plano.*

La tabla y la culata de estas piedras son talladas sin facetas. A veces se engastan turmalinas, que tienen la tabla biselada sobre los lados y la culata facetada. La tabla, la culata y los filetines de las piedras varían de espesor, pero la forma de engaste es la misma. El engastador deberá tener en cuenta que la piedra, una vez engastada en su asiento, no debe moverse. Para que no salte la piedra en el ajuste, éste debe quedar en posición horizontal con la piedra.

h) Engaste cincelado en piedra redonda

Este tipo de engaste se utiliza con piedras de tallas, irregulares; son piedras que pueden tener una tabla desigual, un filetín más grande de un lado que de otro y una culata de forma irregular (fig. 5.13).

Como se dan estas irregularidades, el engastador ha de proceder de la siguiente manera para engastar cincelando este tipo de piedras:

Fig. 5.13. *Cincelado en piedra. redonda.*

- Marcará el chatón y la gema con tinta china para ajustar siempre la piedra en el mismo sentido.

- Fresará el chatón con una fresa redonda en vertical de manera que la piedra quede ajustada a la altura de la tabla, dejando libre el grueso rebatido.

- La piedra quedará engastada en la pieza siempre frente por frente para evitar que las piedras cabeceen cuando se está cincelando.

i) Cincelar piedras de formas con facetas

Para llevar este tipo de engaste hasta su final, es imprescindible que el engastador realice un ajuste muy bien hecho, ya que se suele emplear para engastar diamantes con formas. También se utiliza para piedras de color, como la esmeralda, que es piedra frágil (fig. 5.14). También en este caso el ajuste deberá ser perfecto para evitar en la medida de lo posible el riesgo de que se rompa la piedra, lo cual puede suceder con facilidad si el ajuste no es correcto al engastar.

En cuanto al modo de proceder del engastador subrayamos:

- El engaste de estas gemas se hará con un apretador. Se sujeta la piedra en dos costados para asegurar que esté paralela en la caja de la pieza.

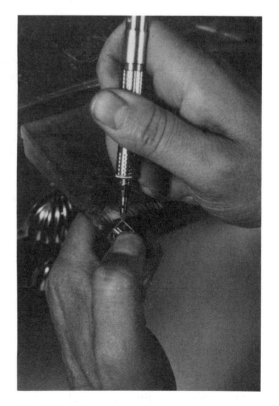

Fig. 5.14. *Cincelado de talla esmeralda.*

- Después se rebate el metal sobre el costado de alrededor de la piedra; de esta manera los ángulos de la piedra serán engastados los primeros, y esto permitirá llevar las obras de metal sobre los costados de la piedra;

- Si se rebatieran el matel sobre el costado de los ángulos, se producirían puntos que sería imposible rebatir contra la piedra y podrían ocasionar su ruptura.

- Es aconsejable rebatir el metal poco a poco, rodeando la piedra sin brusquedades.

j) Engaste con garras de patas redondas (Fig. 5.15)

Para realizar este engaste, el engastador procede de la siguiente manera:
- Abre con la ayuda de un apretador las garras del engaste para ajustar la piedra. El ajuste lo hará con un buril cuchilla o con una fresa redonda.

- Se asienta la piedra en el ajuste y se rebaten gradualmente las patas sobre la piedra;

- Se corta el metal sobrante de las patas con un alicate. Si no entrara el alicate, se utilizará una pequeña fresa redonda.

- Con una fresa hueca el engastador da forma redonda a las patas de las garras (es lo que se denomina ''hacer bolas''); las bolas deben quedar todas a la misma altura.

- Las marcas se repasarán con la lija.

Fig. 5.15. *Engaste de patas redondas.*

- El engastador deberá procurar que las patas no enganchen en algún trapo de lana. Si esto sucediera, habría que remediar el error repasando las patas.

k) Otros engastes con garras

He aquí las variantes que se pueden presentar:
- garras de forma triangular,
- cuajado de garras,
- garras normales.

Describimos a continuación el procedimiento que sigue el engastador para realizar este tipo de engastes:

Garras de forma triangular

Para engastar con garras triangulares, se procede igual que en el engaste de chatones con garras redondas para piedras marquisses (que se describirá más adelante), a excepción de la terminación de las patas; en vez de las bolas, se les harán dos planos oblicuos con chaple o con un limatón (fig. 5.16).

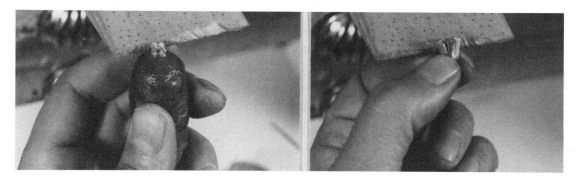

Fig. 5.16. *Engaste con patas triangulares.*

Cuajado de garras

El procedimiento que sigue el engastador es éste:

- Cuando se va a engastar en una pieza de garras, los primero que hace el engastador es abrirlas inclinando las patas de las garras de la hilera.

- Luego con una fresa redonda hace la caja o el asiento en la hilera de patas. Todas las cajas han de quedar a la misma altura.

- También hace caja o asiento para la gema en la 2ª hilera de patas.

- Hecha la caja o asiento de todas las garras, se engastan las piedras poniendo las patas en posición vertical.

- Engastadas todas las garras, se golpean las patas con el martillo mecánico hasta que el metal ajuste encima de la corona de la piedra.

- Con una fresa hueca se hace bola en las patas y éstas se repasan (fig. 5.17).

Fig. 5.17. *Cuajado de garras.*

Garras normales

He aquí unas indicaciones básicas, que ha de tener en cuenta en engastador:

- Para asentar y ajustar la gema en este tipo de garras, es imprescindible fresar en vertical las patas de engaste con una fresa redonda.

- De frente se debe fresar en oblicuo la caja en la que reposará la culata.

- Se ha de fresar también el ángulo hecho por la corona y la culata de la piedra. Esta operación debe ser continuada sobre las patas con un buril chapel o con una fresa redonda de diámetro más pequeño.

- La piedra debe entrar en el engaste hasta que la meseta quede en el mismo plano que las patas. Todos los ajustes deben estar a la misma altura.

- Para que la piedra no se mueva, se han de llevar las patas, con la ayuda del apretador, a la piedra frente por frente (fig. 5.18).

Fig. 5.18. *Engaste de garras normales.*

Fig. 5.19. *Corte en la pata de engaste.*

Nota:

Frecuentemente las garras ofrecen resistencia, por lo que no se pueden engastar solamente con el apretador; habrá que utilizar el martillo mecánico y golpear las patas en lo alto, de exterior a interior, para rebatir el metal contra la gema. Luego las patas se repasarán con el buril cuchilla o con el chaple, dándolas la inclinación y brillo del acabado.

---

l) Garras gruesas

El ajuste en garras gruesas se realiza como en el caso anterior. Debido al ancho de las patas, no se podrá usar un apretador para llevar el metal contra la piedra: deberá utilizarse para ello el martillo mecánico. Cuando sea necesario para lograrlo, se hará un corte en la parte superior de la patas (fig. 5.19).

La terminación se hace exactamente igual que en el caso de las garras normales.

m) Engaste con chatones

Hay distintas modalidades de engaste con chatones:

- chatones con garras redondas,
- chatones con garras en serie,
- chatones con cintura,
- chatones sin cintura,

Chatones con garras redondas para piedras marquises

Este es el procedimiento que ha de seguir el engastador:

- Se fresa una semibola cóncava en el interior de la garra para no debilitar las patas.
- Se ajusta la piedra.
- Se rebaten las patas sobre las piedras.
- Se termina haciendo bola en las garras (fig. 5.20).

Fig. 5.20. *Engaste para marquises con patas redondas.*

Chatones de garras en serie

Este montaje se realiza en una banda, orla, etc., abierta de bocas. El procedimiento de engaste en este caso es el siguiente:

- El engastador repasa el contorno de la pieza y va colocando las patas de engaste.
- Con un apretador va separando luego las patas anteriores. Esto permite el mejor ajuste de las piedras.
- Con una fresa redonda agranda los agujeros de la banda para preparar el asiento de la piedra.

73

- Se prepara la caja en las patas anteriores. Se hace caja igualmente en las patas exteriores. Todas las piedras deden quedar a la misma altura.

- Se engastan las patas exteriores contra las del interior, piedra por piedra.

- Se hace el mismo acabado que en los casos anteriores (fig. 5.21).

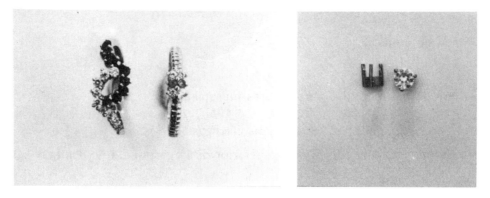

Fig. 5.21. *Engaste con tres patas.*

Nota:

Todos los engastes de patas redondas con 3,4 ó 5 patas se realizarán de la misma manera.

Chatones con cintura

La mayor parte de las piedras de color son engastadas de esta forma. Consiste en que la piedra reposa sobre la cintura o bata de la garra y la corona de piedra queda a la misma altura de las patas de engaste (fig. 5.22).

Fig. 5.22. *Engaste de chatón con cintura.*

Este procedimiento permite tener patas muy altas, sujetas por un cinturón de bata o de hilo, que vita que tengan demasiada elasticidad al engastar. Estos engastes se complican cuando la talla de la gema es irregular. En estos casos se ajustará la piedra siempre en la misma posición para que la caja sea precisa. Para ello el engastador procederá de la siguiente manera:

- Con el alicate puntichato abrirá ligeramente las patas de las garras.

- Estas se ajustarán a la pidra desde el cinturón.

- Rebatirá las patas sobre la piedra con el apretador o el martillo mecánico.

- Después repasará las patas con el limatón espada.

Chatones sin cintura

En cuanto a este tipo de engaste, téngase en cuenta las siguientes indicaciones:

- Se preparará la caja de la piedra regularmente para evitar una tensión al engastar la piedra.

- Para los chatones sin cintura, son las propias garras las que hacen de asiento y de caja para la gema (fig. 5.23).

Fig. 5.23. *Engastado de chatones sin cintura.*

Importante:

La técnica del engastado es una especialidad en el arte de la joyería. En esta unidad didáctica no hemos propuesto más que una introducción muy elemental. En una próxima obra trataremos del engastado con amplitud.

Núcleo temático **4**

UNIDADES DIDACTICAS

UNIDAD DIDACTICA 6 *Anillos, pendientes y cadenas*

Anillos, pendientes y cadenas son piezas de joyería muy estimadas, de gran valor estético para el adorno personal y, a veces, de elevadísimo coste económico. Conocer la configuración de estas piezas y los procedimientos para confeccionarlas es propio del nivel de perfeccionamiento de la formación del artífice joyero. Es el tema que vamos a desarrollar en la presente Unidad Didáctica.

OBJETIVOS ESPECIFICOS

- Conocer los distintos tipos de brazos de anillos y los procedimientos para su preparación y para la colocación de cabezas de anillos.
- Conocer los procedimientos para la preparación de pendientes y cadenas.
- Adquirir destreza en la aplicación de las técnicas para su montaje.

CONTENIDOS

I. *Anillos:* diversos tipos de brazos y su preparación: el entorchado; colocación de cabezas de anillos.
II. *Pendientes:* pendientes simétricos, pendientes con postura, colocación de los pendientes en cera de modelar.
III. *Cadenas:* cadena barbada a mano.

I. ANILLOS

Por "anillo" se entiende en joyería la pieza compuesta por *aro* y *cabeza* y que se utiliza para adorno de los dedos (fig. 6.1). El aro del anillo se denomina *brazo*. Lo esencial en la

Fig. 6.1. *Anillo.*

confección y estética del anillo es que brazo y cabeza formen una sola pieza, unidos con total armonía. El experto en joyería puede observar frecuentemente la falta de total armonía en anillos cuyos brazos no guardan ninguna proporción estética con la cabeza.

Centramos nuestra exposición en dos puntos:

- Diversos tipos de brazos y su preparación.
- Colocación de cabezas de lados iguales en cera de modelar.

1. TIPOS DE BRAZOS Y SU PREPARACION

a) Brazo media caña

El brazo media caña es el que en su perfil presenta esta forma de media caña (fig. 6.2).

Fig. 6.2. *Brazo de media caña.*

Presentamos 2 formas de preparar el brazo media caña:

- Se estira una bata en la hilera media caña, consiguiendo así el perfil media caña, se voltea el brazo y se suelda éste.

- O partiendo de una bata se voltea el brazo, se suelda éste y se pasa a limar la bata en forma de media caña.

b) Brazo de bata

La preparación de este tipo de brazo es sencilla:

- Preparamos una bata.

- La volteamos por su canto o por su parte plana, quedando así confeccionado el brazo (fig. 6.3).

Fig. 6.3. *Brazo de bata.*

c) Brazo cuchilla

Este es un tipo de brazo muy utilizado en cabezas sencillas, como las de los solitarios, tresillos, casquillas y orlas pequeñas. Se prepara en el cilindro. El procedimiento es el siguiente:

- Cortamos un hilo cuadrado al largo que se necesite.

- Se estira por sus extremos a 9 décimas.

- Abrimos el cilindro e introducimos el hilo cuadrado hasta la mitad.

Fig. 6.4. *Brazo de cuchilla.*

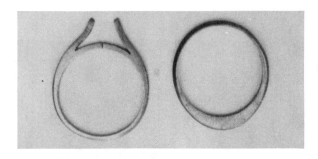

- Se estira el hilo por este centro a 10 décimas, dejando los extremos de canto para que el centro del brazo quede plano y en sus extremos quede en forma de cuchilla.

- Recocemos la pieza y pasamos a voltear: los extremos, de canto y el centro, plano.

- Se suelda a la cabeza y lo colocamos en la lastra (fig. 6.4).

d) Brazo zig-zag

Se utiliza mucho en los "tu y yo", en tresillos, garras. Igual que en el caso anterior se prepara en el cilindro de chapa. Para hacer este tipo de brazo, seguimos este procedimiento:

- Partimos de un hilo cuadrado de 24 décimas, al que se le da 4 n°s mayor de largo.

- Lo estiramos en el cilindro de chapa, como se hizo para el brazo cuchilla, dejándolo siempre al grueso deseado.

- Volteamos el hilo dejando la parte de la cabeza del brazo de canto.

- Llevamos con las tenazas la soldadura del brazo a su parte plana y la soldamos a la cabeza.

- Soldado y redondeado en la lastra, pasamos a hacer el zig-zag en el brazo.

- Con la tenaza redonda y de volteo se le da al brazo la forma curvada en zig-zag (fig. 6.5).

Fig. 6.5. *Brazo zig-zag.*

e) Brazo doble

Estos brazos se suelen preparar de hilos redondos, cuadrados, de batas. Describimos, como muestra, la preparación de un brazo doble hecho de hilo cuadrado:

- Utilizamos un hilo cuadrado de 12-14 décimas, al que dejamos al n° deseado.

- Se aplanan los brazos por el interior, por donde se tienen que unir, y se les hace por su parte de abajo un pequeño chaflán.

- Lijamos estas dos caras y atamos un brazo con otro, haciendo que se toquen por su chaflán. Esto hará que los brazos se abran (fig. 6.6).

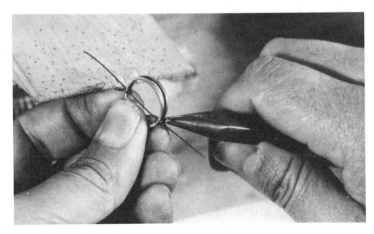

Fig. 6.6. *Brazos atados y abiertos.*

- Colocamos un pelo de segueta en medio de los brazos para que al atarlos no se cierren y así poder controlar lo que queremos que abran los brazos.

- Soldamos los brazos y pasamos a su ajuste en la cabeza (fig. 6.7).

Fig. 6.7. *Brazo doble.*

- Para ello en la parte que más se abre el brazo con el compás se traza el ancho del caudradillo, se corta con la segueta este trozo de brazo y en el espacio cortado ajustamos la cabeza y soldamos por las uniones quedando así brazo y cabeza en una sola pieza.

f) Brazo triple

Se prepara igual que el anterior, salvo esta variante:

- se hará chaflán en los dos lados del brazo del centro, puesto que llevará soldado un brazo a cada lado (fig. 6.8).

Fig. 6.8. *Brazo triple.*

g) Brazo de hilo retorcido

Este tipo de brazo se prepara con un hilo retorcido de 14 décimas. Este hilo se obtiene a partir de un hilo de 7 décimas, que doblado y retorcido dará las 14 décimas de grueso total. El procedimiento para hacer el retorcido del hilo, que servirá de brazo, es el siguiente:

- Estiramos el hilo a 7 décimas.

- Recocemos el hilo y lo estiramos para enderezar.

- Poblamos el hilo por la mitad y sujetamos sus puntas en el tornillo de estirar (fig. 6.9).

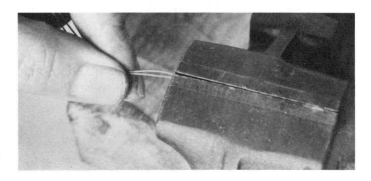

Fig. 6.9. *Puntas del hilo sujetas en el tornillo de estirar.*

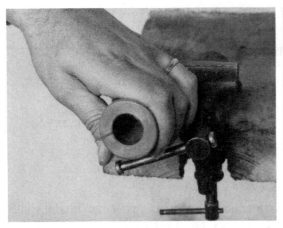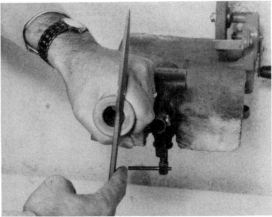

Fig. 6.10. *Carrete introducido en el hilo doblado.*

- Introducimos un carrete en el hilo doblado (fig. 6.10) y pasamos un limatón por su doblez.

- Corremos el carrete, haciendo presión sobre el limatón, al mismo tiempo que estiramos ligeramente el hilo para mantenerlo derecho y lograr que el retorcido del hilo salga todo por igual.

- Luego damos vueltas al limatón hacia la derecha, y así se irá realizando el retorcido del hilo.

- Cuando observamos que el hilo ha cogido dureza, lo recocemos de nuevo y seguimos retorciendo el hilo hasta dejarlo perfectamente acabado para su montaje en la cabeza del anillo (fig. 6.11).

Fig. 6.11. *Hilo retorcido para brazo de anillo.*

g) Brazo retorcido de tres hilos

- Para este tipo de brazos, el retorcido del hilo se hace de la misma forma que para los brazos anteriores. Tendremos en cuenta además las siguientes indicaciones:

- El grueso del brazo, que se proyecte, será el resultado de la suma de los gruesos de cada uno de los hilos; si proyectamos un brazo de 15 décimas, cada uno de los hilos redondos deberá medir 5 décimas de grosor.

- Retorcido el hilo, pasamos a hacer el recocido.

- Luego volteamos el brazo al n° que que necesitemos, dejando el anillo a un n° menos que el de la medida final. Esto es aconsejable, ya que en el retorcido queda un espacio libre que da más medida (fig. 6.12).

Fig. 6.12. *Brazo retorcido de tres hilos.*

- Si tenemos que ajustar la cabeza en este tipo de brazo seguiremos los pasos del ajuste del brazo doble.

2. Colocación de cabezas de lados iguales en cera de modelar

Por "cabeza", en joyería, se entiende la parte principal de una pieza (anillo, pendiente, pulsera, etc.).

Volteadas las piezas una a izquierda y otra a derechas, pasamos a colocar las piezas que configuran la cabeza en cera de modelar.

Preparamos la cera con la forma de media luna o brazo, y colocamos las piezas en la cera según el diseño (fig. 6.13).

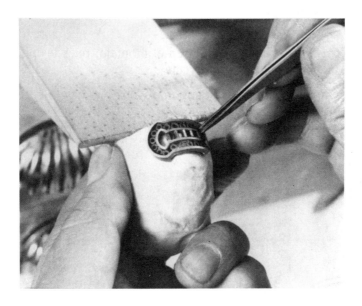

Fig. 6.13. *Cabeza en forma de anillo colocada en cera de modelar.*

Nota:

La colocación de piezas en cera de modelar se efectuará cuando las cabezas consten de varias piezas para su montaje.

II. PENDIENTES

Hay dos clases de pendientes: *pendientes simétricos* y *pendientes con postura.*

1. PENDIENTES SIMETRICOS

Los *pendientes simétricos* carecen de postura en el montaje, pues las piezas del pendiente izquierdo están volteadas igual que las del derecho.

Aparte de las formas tan variadas que hay entre uno y otro, no hay diferencia en la posición de las piezas (fig. 6.14).

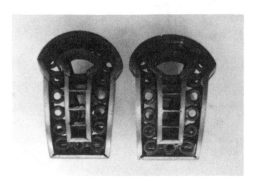

Fig. 6.14. *Pendientes simétricos.*

Para que el sistema de sujeción de estos pendientes sea adecuado, deberá estar relacionado con el tamaño y forma del pendiente.

2. PENDIENTES CON POSTURA

Pendientes con postura son los que volteamos, montamos y soldamos uno a la izquierda y otro a derechas o viceversa. Esto quiere decir que hay diversa ''postura'' del pendiente para la oreja izquierda y para el de la derecha.

Es importante hacer a la vez las piezas de las que se componen los pendientes: si hacemos una banda para uno, esa misma banda nos debe servir de matriz para el otro, aunque al voltear

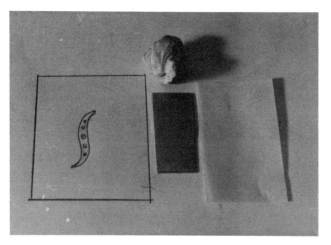

Fig. 6.15. *Bandas para pendientes con postura.*

Fig. 6.16. *Pendientes con postura terminados.*

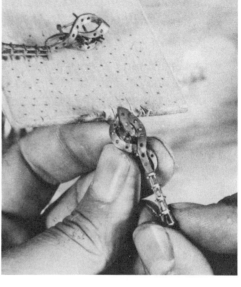

esas bandas, una se volteará normal y la otra la volteamos por su otra cara (fig. 6.15). De esta manera quedan las dos piezas iguales, mirándose la una a la otra (fig. 6.16).

3. COLOCACION DE LOS PENDIENTES EN CERA DE MODELAR

La colocación de los pendientes en cera de modelar es necesaria cuando los pendientes constan de varias piezas para su fabricación. Las piezas son montadas en cera de modelar para echar después escayola sobre ellas y soldar todas las piezas en escayola.

Esta técnica de montaje es de gran importancia en joyería. Para realizarla bien, hemos de tener en cuenta estas indicaciones:

- Al montar un par de pendientes en cera de modelar, es imprescindible preparar las piezas y la cera como la vayamos a utilizar, y mantener lo más próximo posible un pendiente de otro en su montaje. De este modo podremos observar prácticamente los dos pendientes a la vez en el mismo plano y, si es necesario, rectificar sus posiciones (fig. 6.17).

Fig. 6.17. *Colocación de los pendientes en el mismo plano en cera de modelar.*

- En el caso de que los pendientes lleven postura, se preparará todo igual. Al observar su posición, es importante medir con el compás las diferentes distancias entre pieza y pieza.

- Estas operaciones de montaje se deben hacer también a la vez; no debemos montar un pendiente y luego el otro, puesto que nos resultaría muy complicado.

- Debemos mirar los pendientes desde todas las perspectivas, puesto que si no lo hacemos así nos llevaremos más de una sorpresa al comprobar que el volumen de algunas piezas no es idéntico.

Después de haber colocado los pendientes en la cera, vaciamos la escayola sobre las piezas y la dejamos endurecer. A continuación levantamos la escayola de la cera y pasamos a soldar las piezas (fig. 6.18).

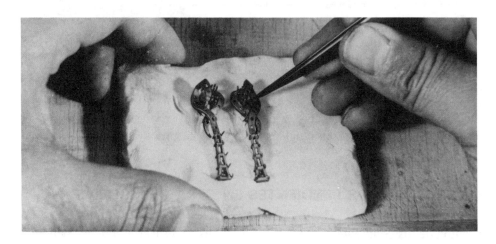

Fig. 6.18. *Pendientes bien colocados en cera.*

III. CADENAS: CADENA BARBADA A MANO

Las cadenas, en joyería, son piezas que podríamos calificar "de multiuso"; puede ser cadena para el cuello, para la muñeca o tobillo (llamadas "pulseras") o para otras múltiples aplicaciones. Hay distintos tipos de cadenas. Centramos nuestra atención en el modelo más representativo de cadena: la *cadena barbada a mano*. Distinguimos dos operaciones en el procedimiento para confeccionarla:

- Formar la cadena.

- Hacer el barbado.

1. FORMAR LA CADENA

Para formar la cadena, procedemos de la siguiente manera:

- Preparamos unas asas con un hilo de 12 décimas de grueso, entorchándole en oval o redondo, según necesitemos la forma de los eslabones (fig. 6.19).

Fig. 6.19. *Hilo entorchado para hacer unas asas.*

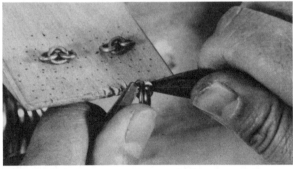

Fig. 6.20. *Modo de engarchar las asas para formar la cadena.*

- Cortamos las asas y soldamos la mitad de éstas.

- Una vez soldadas, vamos enganchando con una asa abierta dos cerradas. Así sucesivamente hasta llegar a formar el largo de la cadena. Las juntas de las anillas han de estar totalmente cerradas para ser soldadas (fig. 6.20).

2. HACER EL BARBADO

Formada la cadena, pasamos a hacer en ella el barbado. Seguimos este procedimiento:

- Colocamos en el extremo de la cadena un trozo de hilo doblado, que sujetaremos en el tornillo de estirar (fig. 6.21).

Fig. 6.21. *Hilos doblados colocado en los extremos de la cadena.*

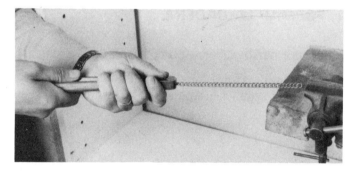

Fig. 6.22. *Forma de entorchar la cadena.*

- En el otro extremo colocamos también un hilo doblado y sujetamos este extremo con la tenaza de estirar.

- Mantendremos la cadena rígida, colocando todas las soldaduras en el centro de los eslabones, es decir, en la unión de un eslabón con otro.

- Pasamos a estirar y barbar a la vez la cadena, manteniéndola muy rígida. Barbamos hacia la derecha con la tenaza de estirar (fig. 6.22).

- Barbada la cadena, se pasa ésta por el cilindro de chapa con suavidad. Para ello se estira la cadena por el extremo, haciendo que entre en el cilindro totalmente recta, y logrando así que todos los movimientos de los eslabones sean iguales.

- Para que el ancho de la cadena quede todo igual, se pasa la cadena por una hilera redonda, manteniendo rígida la parte de la cadena que se va a estirar.

- Igualados todos los eslabones en la hilera, tendríamos terminado el barbado. Luego se sueldan en el extremo de la cadena tres o cuatro eslabones para colocar en ellos el cierre de cajetín (tema 9) (fig. 6.23).

Esto mismo se haría con las pulseras.

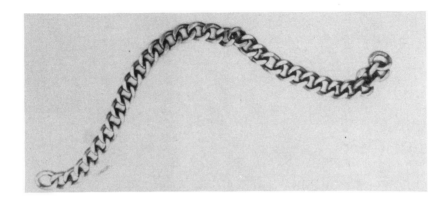

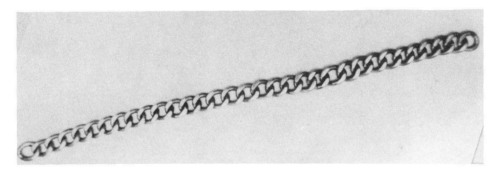

Fig. 6.23. *Cadena barbada.*

Nota:

Si tuviésemos que limar algunas caras de esta cadena, procederíamos de la siguiente manera:

- *Colocamos en una tabla goma-laca y la calentamos.*
- *Estiramos la cadena y la pegamos en la goma-laca extendida en la tabla.*
- *Limamos esta cara de la cadena y luego la lijamos.*
- *Calentamos con el soplete la cadena y la despegamos de la goma-laca.*
- *Damos la vuelta a la cadena para pegarla de nuevo en la goma-laca por la parte limada.*
- *Pegada de nuevo la cadena en la goma-laca, pasamos a limar la otra cara.*
- *Acabada de limar, procedemos como en el caso anterior: lijamos esta cara y la despegamos.*

Luego pasaríamos a hacer lo mismo con sus cantos.

UNIDAD DIDACTICA 7 *Sistemas de pendientes*

Una de las piezas de joyería de uso más extendido entre las mujeres son los pendientes. Dada la distinta configuración de los rostros, así como de las orejas y lóbulos, es necesario buscar para cada persona el tipo de pendientes que se le adapte mejor estéticamente. De aquí la importancia que tiene el conocer los diferentes sistemas de pendientes que podemos utilizar.

Dedicamos esta unidad didáctica a dar a conocer estos diferentes sistemas de sujeción de pendientes.

OBJETIVOS ESPECIFICOS

- Que los alumnos conozcan los distintos sistemas de sujeción de pendientes y de los procedimientos correspondientes para montarlos.
- Que adquieran destreza en el montaje de la sujeción de pendientes.

CONTENIDOS

I.   Sistema omega.
II. Sistema de pinza con pasador fijo.
III. Otros sistemas de pendientes.

I. EL SISTEMA OMEGA DE SALTO TRIANGULAR Y DE SALTO CIRCULAR

El sistema omega para la sujeción de pendientes consta de *taco, chanela, lira* y *palillo* (fig. 7.1). La lira es una pinza que, como su mismo nombre indica, tiene forma de lira.

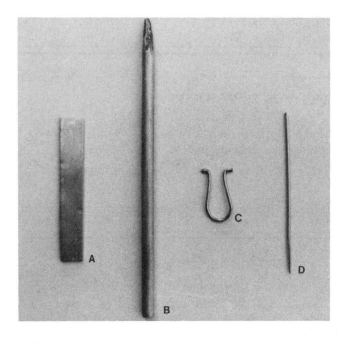

Fig. 7.1.
A. *Taco.*
B. *Chanela.*
C. *Lira.*
D. *Palillo.*

Este sistema omega se vende ya hecho, pero lo podemos confeccionar nosotros mismos en el taller. Esto es muy rentable cuando se trata de fabricar cierta cantidad de sistemas omega. Los sistemas omega son de dos tipos:

- Sistema omega con salto triangular.

- Sistema omega con salto circular.

1. SISTEMA OMEGA CON SALTO TRIANGULAR

Las operaciones que hemos de realizar para la confección de este sistema son las siguiente:

94

- Preparar taco y chanela.
- Soldar taco y chanela.
- Hacer el triángulo.
- Colocación de la lira.

Preparar taco y chanela

Para preparar el taco y la chanela, seguimos este procedimiento:

- Preparamos una chapa de 6 mm de altura y 8 ó 9 décimas de grueso para el taco (fig. 7.2)

Fig. 7.2. *Chapa para el taco.*

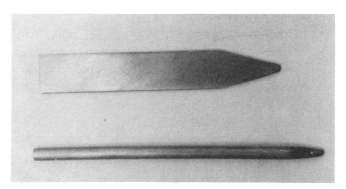

Fig. 7.3. *Chapa para la chanela y chanela terminada.*

- Para hacer la chanela, se prepara otra chapa de 54,9 décimas de ancho y 4 décimas de grueso (fig. 7.3); la chanela terminada tendrá 18 décimas de diámetro exterior, 10 décimas de diámetro interior y un grueso de pared de 4 décimas;

Nota:

El largo de taco y chanela depende del número de sistemas que proyectamos realizar.

Soldar chanela y taco

- Soldaremos la chanela al taco. Para soldar estas piezas, se hace un pequeño plano a lo largo de la junta de la chanela. Por este plano se adhiere la chanela al taco (fig. 7.4).

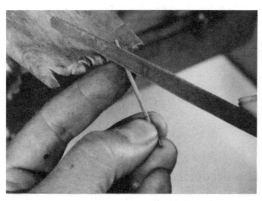

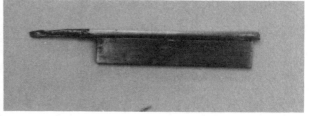

Fig. 7.5. *Taco y chanela soldados.*

Fig. 7.4. *Plano hecho en la chanela para soldarla al taco.*

- Se atan taco y chanela, se da bórax en la unión y se pasa a soldar esta juntura a lo largo de la pieza de taco y chanela (fig. 7.5).

- Soldado el taco a la chanela, se repasan con el limatón triángulo las dos paredes del taco por la parte de las soldaduras.

Hacer el triángulo

- Cuando hemos repasado la pieza, se aplana uno de sus extremos y a 8 mm de distancia se hace un trazo con el compás; luego se marca el trazo con la segueta y se sigue haciendo más trazos a lo largo del taco para obtener tanto sistemas omegas como tengamos previstos (fig. 7.6).

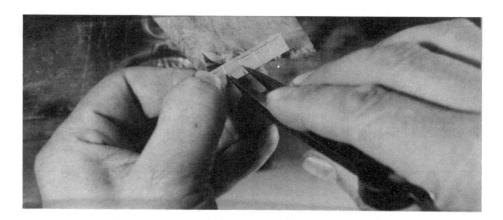

Fig. 7.6. *Trazos hechos en el taco.*

- A continuación se corta con la segueta un triángulo en la chanela, se repasa éste con el limatón espada y se introduce la lira en el triángulo de la chanela para que haga el salto de cierre (fig. 7.7).

- Hecha esta operación en todos los sistemas, cortamos siguiendo los trazos cada uno de llos, que quedarán con 8 mm de largo.

96

Fig. 7.7. *Lira introducida en el triángulo de la chanela.*

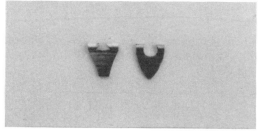

Fig. 7.8. *Taco y chanela limados en forma de curva.*

- Los cantos del taco y de la chanela se limarán en forma de media luna en disminución, es decir, en forma de curva (fig. 7.8).

Nota:

El triángulo para introducir la lira no debe sobrepasar la chanela, para que así no llegue a tocar el taco.

Colocación de la lira

En cuanto a la colocación de la lira en el sistema, hemos de tener en cuenta estas indicaciones:

- El largo de la lira depende del punto donde queramos que ésta apriete en el pendiente. El largo normal, partiendo de un hilo de 9 décimas, es de 5 ½ cm. Cortaremos tanto hilos de este largo como liras necesitamos.

- Los hilos cortados se colocan por su centro en el mango de un embutidor y se les da la forma de lira (fig. 7.9).

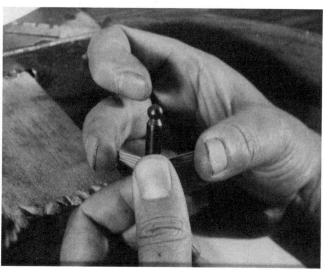

Fig. 7.9. *Hilos colocados en el mango de un embutidor.*

- Sacados los hilos, ya con forma de lira, del mango del embutidor, se recuecen las dos puntas de los extremos de la lira, que son las que tienen que ser dobladas para que entren en el interior de la chanela (fig. 7.10); estas puntas han de quedar totalmente rectas con un largo que les permita entrar en el espacio abierto para el salto.

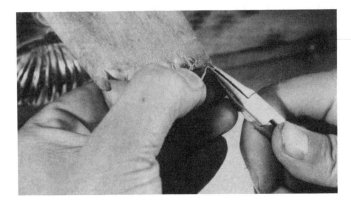

Fig. 7.10. *Lira con las puntas dobladas.*

- Introducimos la lira en la chanela del triángulo para dar el salto.

- Logrado esto, se saca la lira puesto que ésta no se puede meter al fuego, se fija el taco y se suelda éste en el pendiente.

- Soldado el taco al pendiente, se suelda también el palillo. El palillo es un hilo de 8 ó 9 décimas de grueso y 11 mm de largo, que al ser introducido en el agujero de la oreja, sirve para sujetar el pendiente en la oreja. El palillo se suelda en el pendiente a una distancia variable del taco. Depende de la distancia que haye entre el pendiente y el agujero del lóbulo de la oreja.

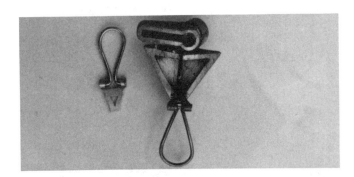

Fig. 7.11. *Sistema omega con salto triangular terminado.*

- Terminado y pulido el pendiente, se monta la lira en el taco. Cin esto tendríamos concluido el montaje del sistema omega con salto triangular (fig. 7.11).

2. SISTEMA OMEGA CON SALTO CIRCULAR

Fig. 7.12. *Círculo en chanela y taco.*

En este sistema de sujeción de pendientes se prepara exactamente igual que el anterior, excepto el modo de hacer el salto de la lira. En este sistema, en vez de un triángulo, se hace un círculo en la chanela y en parte del taco para el salto de la lira (fig. 7.12). Luego se procede de la siguiente manera:

- Se liman los cantos del taco y de la chanela, dejando la pieza con la forma almendrada en disminución; estos tacos pueden ser calados y una vez colocado y soldado en el pendiente, se coloca la lira como en el caso anterior (fig. 7.13).

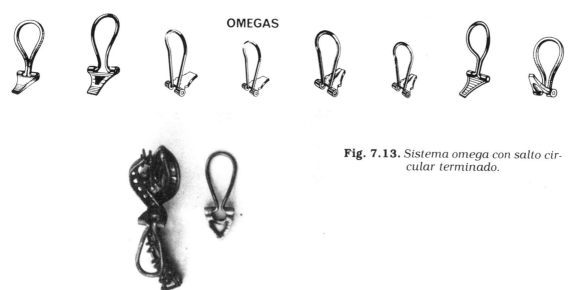

Fig. 7.13. *Sistema omega con salto circular terminado.*

Nota:

Insistimos en estas indicaciones en cuanto a la preparación de los sistemas omegas:

- *Los trazos en taco y chanela, a los que nos hemos referido, de 8 mm de largo cada uno y que sirven para marcar los distintos sistemas omega que vamos a confeccionar han de realizarse cuando ya tenemos soldados taco y chanela, de modo que podamos trabajar en serie cada uno de los sistemas haciendo el triángulo o el círculo del salto.*

- *Este sistema de trabajo permite ahorrar tiempo en la fabricación de los sistemas omega.*

II. SISTEMA DE PINZA CON PASADOR FIJO

El procedimiento que seguimos para preparar este sistema de sujeción es similar al anterior.

Preparación del taco y chanela

- Se prepara una chapa para el taco, cuyas medidas serán: 5 mm de altura, 8 ó 9 décimas de grueso, 7 mm de largo. Estas medidas son las que tendrá cada taco del sistema.

- Se prepara también una chanela de 15 décimas de diámetro exterior y 5 décimas de diámetro interior, igual que los taladros que haremos en las liras con un grueso de 5 décimas.

- Hacemos un pequeño plano en el punto de unión de la chanela con el taco, al que ha de ser soldada, como en el caso del sistema omega.

- Se aplanan por uno de sus extremos el taco y la chanela soldados, y a 7 mm de distancia se hacen tantos trazos como sistemas proyectemos confeccionar.

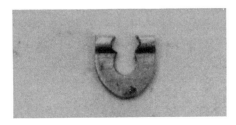

Fig. 7.14. *Chanela cortada y limada en forma circular.*

- Se corta la parte central de la chanela en forma circular y, dado este corte, se hace en las caras interiores de la chanela una forma circular con el limatón redondo (fig. 7.14).

Hecha esta operación, pasamos a preparar la lira.

Preparación de la lira

- Para hacer la lira, se prepara un hilo redondo de un grueso de 12 décimas.

- El hilo se voltea por su centro con un embutidor, dejando los extremos del hilo en paralelo a 1 mm de distancia.

- En cada uno de estos extremos se hacen unos taladros de 5 décimas de grueso, que corresponden al diámetro interior de la chanela. Así queda preparada la lira para su montaje (fig. 7.15).

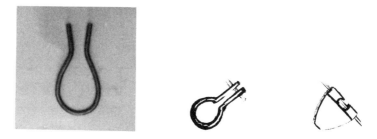

Fig. 7.15. *Lira terminada para el sistema de pinza.*

Montaje del sistema

- Se coloca la lira en el taco, haciendo coincidir los taladros de la lira con los agujeros de la chanela (fig. 7.16).

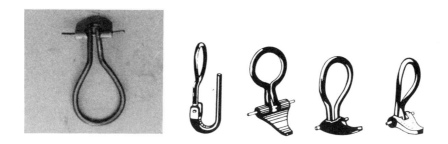

Fig. 7.16. *Lira colocada en el taco.*

- Se pasa por estos agujeros un hilo de 5 décimas de grueso, que servirá de pasador.

- Se corta el pasador, dejándolo sobresalir a 6 ó 7 décimas en ambos extremos de la chanela para su remache.

- Se liman planos los extremos y se pasa a remachar por los dos lados. Este remache se efectuará después de estar totaltmente terminado de pulido y engaste si lo llevan.

III. OTROS SISTEMAS DE PENDIENTES

Las formas de sujeción de pendientes son muy variados. Describiremos a continuación los siguientes sistemas:

- Sistema de clip de hilo.
- Sistema de clip de chapa.
- Sistema catalán.
- Sistema con rosca.
- Sistema de tuerca.

1. SISTEMA DE CLIP DE HILO

- Se preparan taco, chanela, lira y pasador, como en el caso anterior.
- Al hacer el ajuste en la parte interior de la chanela, se limará con un limatón redondo y se hacen dos canales media caña en cruz (fig. 6.17).

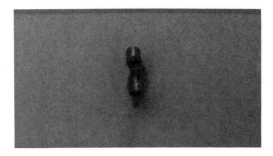

Fig. 7.17. *Chanela con los canales en cruz.*

Fig. 7.18. *Sistema de clip de hilo.*

- En estos canales se coloca la lira, se introduce el pasador en la chanela y la lira para comprobar su salto.
- Se desmonta la lira para soldar el taco al pendiente; una vez soldado, se remachan los extremos del pasador (fig. 7.18).

2. SISTEMA DE CLIP EN CHAPA

Preparación de taco y chanela

- Se prepara el taco con un grueso de 7,8 ó 9 décimas y una altura de 5 mm.

- Para la chanela, se prepara una chapa de 4 décimas de grueso y 45,75 décimas de ancho y 15 décimas de diámetro exterior.

- Soldamos chanela y taco, como en los casos anteriores.

Preparación y montaje de la lira de chapa

- En una chapa de 6 ó 7 décimas se traza la lira con la punta de trazar.

Fig. 7.19. *Trazos hechos en los lados de la lira de chapa.*

Fig. 7.20. *Chanela soldada en la parte de abajo de los dos extremos de la lira.*

- Se corta por el contorno de dicho trazo y se traza con el compás en los dos lados de la lira un ancho de 2 mm. y un largo de 7 mm. (fig. 7.19).

- Siguiendo estos trazos, se da un corte con la segueta, y quedará una chapa en paralelo de 3 mm.

- En el centro de la lira, entre corte y corte, se levanta un poco esta chapa central, y soldamos una chanela del mismo diámetro en la parte de abajo de dos extremos de la lira (fig. 7.20).

- Se corta luego con la segueta el centro de la chanela soldada, que corresponde al ancho de la chapa central. Al no estar soldada la chanela nada más que en los dos extremos de la lira, el trozo recortado caerá y así quedará hecha la lira.

- A continuación pasamos a ajustar la lira en el taco. Seguimos este procedimiento:

  - cortamos el taco a un ancho de 7 mm;

  - ajustamos la lira en el taco, dando en los dos lados del taco unos cortes en la chanela de 2 mm de ancho;

  - de los lados del taco se quitará este ancho de la chanela;

Fig. 7.21. *Chanelas de la lira colocadas en el taco.*

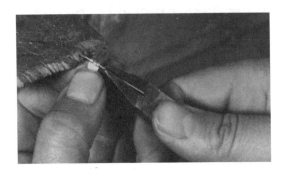

Fig. 7.22. *Sistema de clip en chapa terminado.*

- colocamos las chanelas de la lira en el espacio abierto en el taco, haciendo coincidir así las chanelas de taco y lira (fig. 7.21).

- Colocada la lira en el taco, pasamos un pasador por los agujeros de la chanela y la lira saltará gracias a la presión que ejerce la chapa de 3 mm de ancho sobre la chanela del taco.

- Se da al taco la forma curva en disminución en sus laterales, y así queda preparado para ser soldado en el pendiente. Para soldarlo, se desmonta la lira.

- Soldado el taco y acabado el pulido y engastado del pendiente, se hace el montaje de lira (fig. 7.22).

3. SISTEMA CATALAN

Sistema catalán consta de pala, taco y palillo. La *pala* es la pieza que hará de presión y sujeción del pendiente (fig. 7.23)

Describimos el procedimiento para el montaje del sistema catalán. Para la pala:

- Se prepara un hilo cuadrado de 25 décimas de grueso y 15 mm de largo.

- Se estiran tres cuartas partes del hilo a 8 décimas por el cilindro de chapa; la otra parte del hilo, colocado éste de canto, se estira a 8 décimas. Así la pala queda prácticamente hecha en el cilindro.

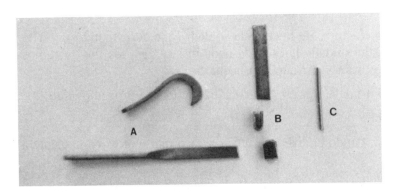

Fig. 7.23.
A. pala.   B. taco.   C. palillo.

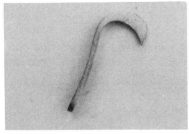

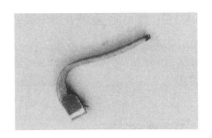

Fig. 7.24. *Pala volteada para el sistema catalán.*

Fig. 7.25. *Pala introducida en el taco.*

- Se voltea la pala en forma de ángulo agudo con la tenaza puntichata (fig. 7.24).

- Se corta la pala al largo deseado y se lima en forma circular en su extremo.

- La parte de la pala que se introduce en el taco, se corta a 60 décimas de largo.

Para el taco:

- Se prepara una bata de 6 a 7 décimas de grueso y 25 décimas de ancho. Se dobla la bata y se ajusta a la pala.

- Se corta el taco a una altura de 40 décimas y se introduce la pala en el taco, perforando con un taladro de 6 décimas de grueso los dos lados del taco y la pala (fig. 7.25).

- Se liman los extremos del taco en forma circular con el limatón triangular.

- Hecha esta operación, el taco y el palillo se sueldan en el pendiente.

A continuación procedemos de la siguiente manera:

- Se hace un taladro en la pala a la distancia justa del palillo y con la segueta se hace en este taladro un rectángulo, cuidando de que no queden degolladas las paredes (fig. 7.26).

Fig. 7.26. *Rectángulo hecho en la pala.*

- Se aplasta con el martillo el extremo del palillo cortado a la altura que corresponda el grueso del lóbulo.

- Se coloca el pasador en los taladros efectuados en el taco y la pala y se prueba el agujero de la pala para que entre el palillo por el rectángulo abierto en ella.

- Se introduce la pala en el palillo, haciéndolo bajar hasta la altura que vayamos a dejar para el grueso de oreja (fig. 7.27).

Fig. 7.27. *Sistema catalán terminado.*

Variante del sistema catalán

Este mismo sistema de pendientes se puede hacer en otro procedimiento:

- Se prepara un hilo cuadrado de 25 décimas de grueso y 15 mm de largo.

- Se laminan 3/4 partes de su largo a 8 décimas.

- Se dobla el otro extremo, igual que en el procedimiento anterior (fig. 7.28).

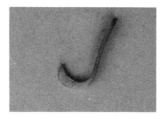

Fig. 7.28. *Hilo doblado por un extremo después de ser laminado.*

- Hacemos con la segueta un corte en el hilo de ocho décimas de grueso y de una profundidad de 3 ½ mm. En esta parte del corte el hilo cuadrado es de 25 décimas de grueso, puesto que no ha sido modificado por el estirado.

Para el taco:

- Se prepara una bata que entre ajustada en el corte efectuado en la pala (fig. 7.29).

Fig. 7.29. *Pala con el corte donde ha de ajustarse la bata del taco.*

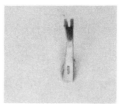

- Cortamos la bata a la altura del corte dado en la pala; soldamos luego la bata en el pendiente.

- Se introduce la pala por el corte en la bata soldada en el pendiente, y hacemos un taladro de lado a lado de taco y pala (fig. 7.30).

- Después seguimos el mismo procedimiento que en el caso anterior.

Fig. 7.30. *Pala introducida en la bata soldada al pendiente.*

4. SISTEMA CON ROSCA

Es un sistema que no lleva palillo.

El procedimiento que seguimos para montar este sistema es éste:

- Se prepara un hilo media caña de 15 x 12 décimas de grueso y 4 cm de largo y un trozo de chanela de 20 décimas de diámetro exterior y 2 ó 3 mm de largo de chanela.

- Se le hace rosca al interior de la chanela y se prepara un hilo redondo con rosca (fig. 7.31). Este hilo debe pasar a rosca por la chanela.

Fig. 7.31. *Chanela e hilo con rosca.*

- Se desenrosca el hilo de la chanela, y soldamos ésta a la punta del hilo media caña (fig. 7.32).

Fig. 7.32. *Chanela y casquilla soldada al hilo media caña.*

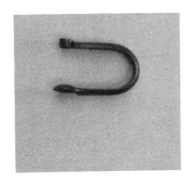

Fig. 7.33. *Casquilla solda-da al tornillo de rosca.*

Fig. 7.34. *Hilo media caña curvado en forma de horquilla.*

- Soldamos una pequeña casquilla de 3 ½ mm de diámetro al hilo o tornillo de rosca; con la casquilla soldada, se corta el hilo o tornillo a 8 mm de largo (fig. 7.33).

- Introducimos este hilo a rosca por la chanela soldada al hilo media caña, haciendo que enrosque hasta el final de la casquilla.

- En el otro extremo del hilo o tornillo de rosca se suelda una nueva casquilla. Así queda este palillo de rosca en el interior de la chanela.

- Con el mango de un embutidor hacemos una curvatura en el hilo media caña, dejándole en forma de horquilla; el espacio libre entre las paralelas de la horquilla corresponde al grueso del lóbulo (fig. 7.34).

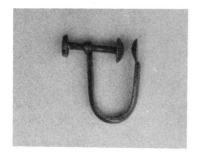

Fig. 7.35. *Chanela y casquilla soldadas en los extremos del hilo media caña.*

- El otro extremo del hilo media caña es soldado en el pendiente en esta punta del hilo: soldamos otra pequeña casquilla que ajustará en la otra soldada en el hilo de rosca (fig. 7.35).

Nota:

Este sistema de pendientes se suele colocar en monturas de garras y de casquillas. También es utilizado por señoras que no tienen agujeros en los lóbulos, ya que se puede apretar este sistema cuanto se quiera, haciéndolo muy seguro (fig. 7.36).

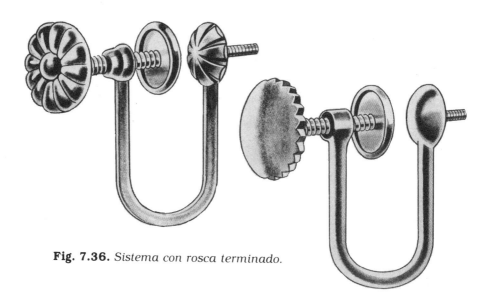

Fig. 7.36. *Sistema con rosca terminado.*

5. SISTEMA DE PRESION

El procedimiento para montar este sistema es el siguiente:

- Se prepara una chapa de 6 décimas de grueso y 14 mm de largo y se traza en esta chapa la forma de la fig. 7.37.

- Se recorta con la segueta la forma trazada y se voltean los extremos de la chapa hasta lograr hacer una especie de chanela en cada extremo de la chapa (fig. 7.38).

- Hacemos luego un taladro en el centro de la parte superior de la chapa, para que pase un hilo de 9 décimas de grueso.

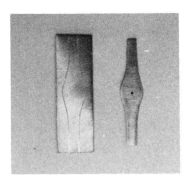

Fig. 7.37. *Chapa con la forma trazada y cortada.*

Fig. 7.38. *Chapa volteada para el sistema de presión.*

Fig. 7.39. *Muesca en la chapa entre las dos chanelas volteadas.*

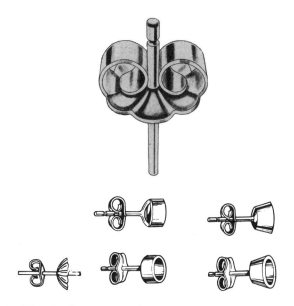

Fig. 7.40. *Sistema de presión ya terminado.*

- Entre las dos chanelas volteadas se hace una pequeña muesca para evitar el cabeceo del palillo del pendiente (fig. 7.39).

- Hacemos también una muesca al hilo en la punta del palillo; este hilo servirá de salto en el sistema de presión (fig. 7.40).

6. SISTEMA DE TUERCA

Para montar el sistema de tuerca, seguimos este procedimiento:

- Preparamos una chapa de 4 décimas de grueso y en ella trazamos un círculo de 4 mm de diámetro (fig. 7.41).

- Cortamos con la segueta este círculo y repasamos con el limatón redondo todo el contorno.

- En el canto del círculo, en todo el contorno, se hacen unos gallones laterales (fig. 7.42).

- Trazamos en la chapa un nuevo círculo de 3 mm de diámetro y lo embutimos en la embutidera hasta formar con este círculo una media bola.

Fig. 7.41. *Círculo trazado en la chapa para el sistema de tuerca.*

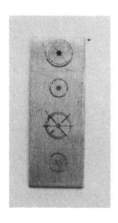

Fig. 7.42. *Gallones laterales en la chapa.*

Fig. 7.43. *Media bola soldada en el círculo galloneado.*

Fig. 7.44. *Sistema de tuerca terminado.*

- Se aplana esta media bola y se la suelda en el centro del círculo galloneado (fig. 7.43).

- Hacemos un taladro en el centro de la chapa golloneada y una rosca en este taladro. Para ello utilizamos un macho.

- Hecho el paso de rosca en la tuerca, se hace rosca en el palillo del pendiente; la tuerca se enroscará en este palillo.

- Desenroscamos la tuerca del palillo, una vez hecha la prueba, y soldamos el palillo al pendiente.

- Soldado el palillo, enroscamos de nuevo la tuerca.

Así queda montado el sistema de tuerca para la sujeción de pendientes (fig. 7.44).

Nota:

Como es evidente, el paso de rosca debe ser el mismo para la tuerca y el palillo.

Cierre de broches

Los broches son pinzas de joyería de uso muy generalizado. El artífice joyero ha de dominar las técnicas de preparación de sus sistemas de sujeción.

OBJETIVOS ESPECIFICOS

- Conocer la estructura de los distintos tipos de cierres para broches.
- Conocer los procedimientos para su montaje y practicar su correcta aplicación.

CONTENIDOS

I.   Cerrojillos y cerrojo recto.
II. Imperdibles, lenteja y púa.
II. Cajetín de doble púa.

I. CERROJILLOS Y CERROJO RECTO

Los broches son las piezas de joyería que se utilizan para adornar las prendas de vestir. Todos los broches necesitan un cierre de sujeción. Veremos los distintos tipos de cierre que se utilizan en la joyería actual.

1. CERROJILLOS

El cerrojillo o cierre de mosquetón, consta de estos elementos; *chanela interior, chanela exterior, ranura corredera, tope, tirador* y *taco* (fig. 8.1).

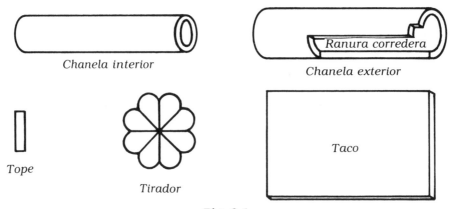

Fig. 8.1..

Para el montaje del cerrojillo seguimos este procedimiento:

- Se prepara la *chanela interior* a 1 ½ o 2 décima de grosor, con un diámetro de 14 décimas.

- La *chanela exterior* tendrá de 2 a 3 décimas de grosor y un diámetro de 20 décimas.

- Antes de cerrar la junta de la chanela exterior, cuando se está tirando, se introduce la otra chanela en su interior.

- Luego se sigue estirando la chanela exterior con la interior introducida, para que ajusten perfectamente.

- Se saca la chanela interior y se prepara el taco, que debe tener 8 décimas de grueso, 60 décimas de altura y 70, 80 ó 90 mm de largo.

- La chanela exterior, por su junta, se suelda al taco.

- Se le hace el carril (abertura en la chanela exterior) con la segueta.

- Se suelda en la chanela interior un pequeño hilo atravesado, que servirá de tope (fig. 8.2).

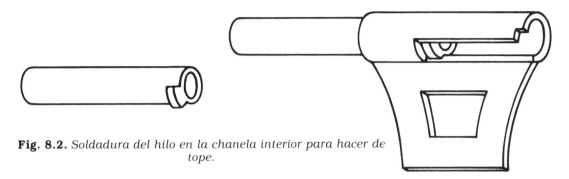

Fig. 8.2. *Soldadura del hilo en la chanela interior para hacer de tope.*

- Introducimos la chanela interior en la exterior, ajustando en el carril el hilo soldado; lo corremos con suávidad por el carril y lo llevamos hasta el final de la chanela; se corta al ras el otro extremo de la chanela interior.

- Se lleva el tope hasta la terminación del carril.

- Se prepara una chapa y se traza en ella un círculo de 3 mm; se corre la soldadura en el centro del círculo cortado; se repasa la soldadura con un limatón, se le da bórax, se coloca la chapa con el círculo en el extremo de la chanela interior, que servirá de tirador, y se suelda al aire.

- Se redondea el tirador, haciendo unas pequeñas muescas. Se corta el taco o pie, dándole algo de forma en sus cantos (fig. 8.3).

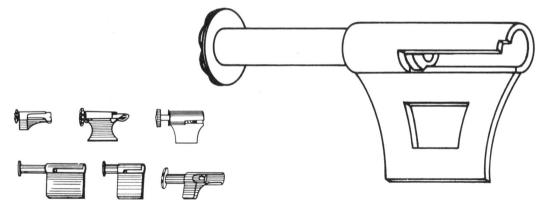

Fig. 8.3. *Cerrojillo terminado.*

2. CERROJO RECTO

Destacamos en la figura 8.4 los elementos de la estructura de este tipo de cierre.

Procedimiento para el montaje del cerrojo recto:

113

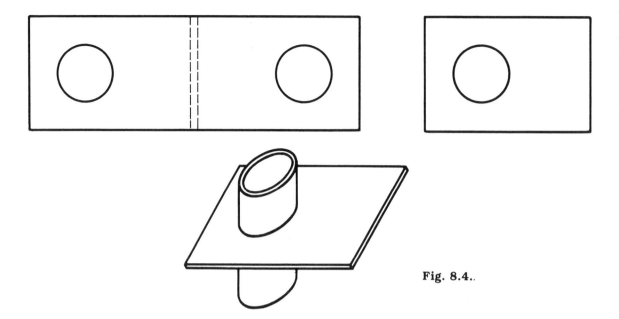

Fig. 8.4..

- Se prepara una bata de 9 décimas de grosor, 50 décimas de ancho y 14 mm de largo. Se hacen dos taladros a 14 décimas de los extremos, uno a cada lado de la bata.

- Se prepara otro trozo de bata de las mismas medidas. Se le hace un taladro exactamente igual que los otros. Cada taladro tendrá 20 décimas de diámetro.

- Se ajusta una chanela de 20 décimas de diámetro en estos taladros; la chapa de esta chanela tiene 3 décimas de grueso (fig. 8.5).

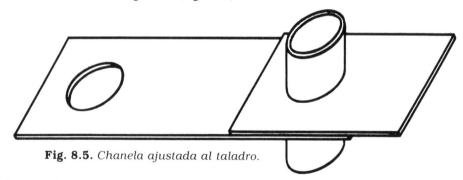

Fig. 8.5. *Chanela ajustada al taladro.*

- En la bata de un solo taladro se suelda un trozo de chanela, dejando que los extremos de la chanela sobresalgan 9 décimas por cada lado del taladro de la bata.

- Esta pieza, que hemos preparado, se introduce en uno de los taladros de la otra bata; se dobla ésta por el centro, haciendo coincidir la chanela con el otro taladro; se aprieta con la tenaza plana hasta que ajuste la parte exterior con la interior (fig. 8.6).

Fig. 8.6. *Bata doblada por el centro.*

- Se lima la parte externa dejando en la bata interior un pequeño tirador, que debe sobresalir aproximadamente 1 ½ mm.

- Se cortan las batas y la chanela por el canto; este corte será posteriormente el paso de la púa; en el corte se deja un espacio suficiente para que pueda pasar la púa del broche.

- Se coloca un travesaño de hilo cuadrado tableado en el inicio del corte dado, y se suelda el hilo en las batas exteriores. De ninguna manera se soldará la bata interior, pues el cerrojillo no se movería.

- Para concluir la pieza, se redondea el tirador, haciendo unas pequeñas muescas (fig. 8.7).

Fig. 8.7. *Cerrojo terminado.*

II. IMPERDIBLES, LENTEJA Y PUA

1. IMPERDIBLES

El elemento que podemos utilizar es el hilo (fig. 8.8)

Fig. 8.8. *Hilo.*

Imperdible solamente con hilo

- Se prepara un hilo redondo de 7,8 ó 9 décimas de grosor del largo que proyectamos tenga el imperdible.

- Comenzamos doblando el hilo por un extremo para hacer el gancho (fig. 8.9)

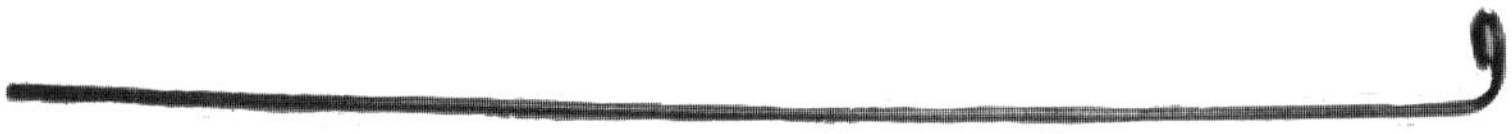

Fig. 8.9. *Hilo doblado para imperdible.*

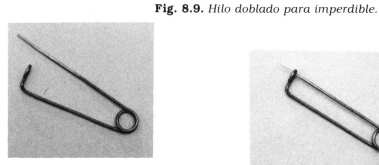

Fig. 8.10. *Hilo volteado en forma de espiral para imperdible.*

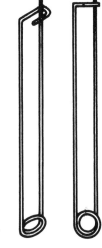

Fig. 8.11. *Imperdible terminado.*

- Hacemos otro volteo en forma de espiral, y en su segunda vuelta se deja en paralelo un hilo con otro; uno de los paralelos se lleva al gancho del imperdible (fig. 8.10).

- Se saca punta al extremo del hilo que ha de servir de aguja del imperdible. Y el imperdible queda terminado (fig. 8.11).

116

Imperdible con hilo y chapa

Para confeccionar este tipo de imperdible, seguimos este procedimiento:

- Preparamos una chapa a 4 ó 5 décimas de grosor, 13 mm de largo y 4 ó 5 mm de ancho. La doblamos en forma de libro, dejando una distancia de 1 mm entre sus lados y una altura de 6 mm (fig. 8.12).

Fig. 8.12. *Chapa doblada para imperdible.*

- Ajustamos la chapa por uno de sus lados al hilo redondo por uno de sus extremos, y se suelda la chapa al hilo, dejando el canto de la chapa sin doblar del todo. El hilo queda sin llegar al extremo de la chapa (fig. 8.13).

Fig. 8.13. *Hilo soldado a la chapa.*

- Soldados la chapa y el hilo, se hace una incisión en la parte de la chapa por donde va a enganchar la punta del imperdible (fig. 8.14).

Fig. 8.14. *Chapa cortada para el enganche.*

- Se voltea el hilo hasta que quede en paralelo, según el largo del imperdible que proyectamos.

- Para formar el muelle, se voltea el hilo en espiral, haciendo que coincida la punta con el extremo de la chapa donde se ha realizado la incisión (fig. 8.15).

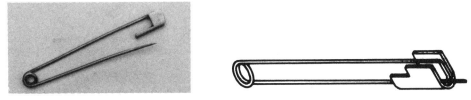

Fig. 8.15. *Imperdible con chapa terminado.*

117

2. LENTEJA Y PUA

Los elementos que necesitamos se muestran en la fig. 8.16.

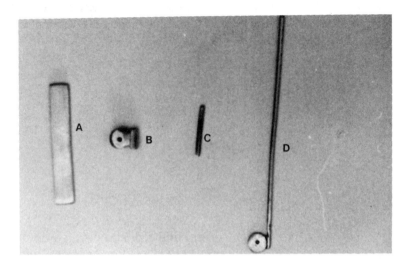

Fig. 8.16.
A. Bata. B. Lenteja. C. Pasador. D. Púa.

Procedimiento para realizar la lenteja y púa

Comenzamos por hacer la lenteja:

* Se prepara una bata de 8 décimas de grosor, 35 décimas de ancho y 11 mm de largo.

* Se hace dos dobleces en la bata, quedando tres chapas iguales unidas (fig. 8.17).

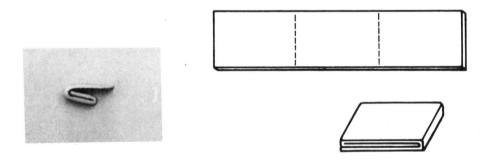

Fig. 8.17. *Bata con dos dobleces.*

* Se liman en forma de lenteja las tres capas, hasta que la chapa del centro quede suelta en la doblez.

* Se hace un taladro a las tres chapas. La chapa del centro se emplea para soldar un hilo redondo de 9 décimas que hace la púa.

- En el broche se sueldan la lenteja y un cerrojillo, se coloca la púa en la lenteja, se introduce un pasador y se comprueba el largo de la púa, a la que debemos limar el extremo en punta para que entre en el cerrojillo (fig. 8.18).

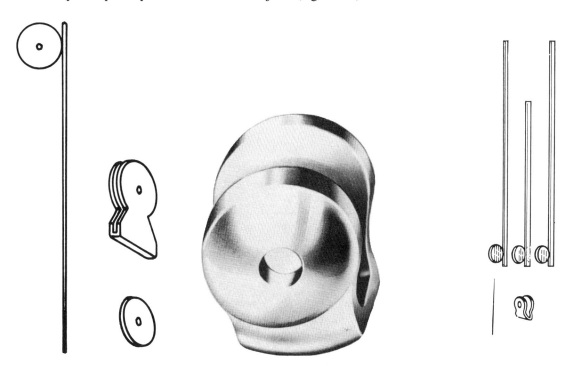

Fig. 8.18. *Lenteja y púa terminada.*

III. CAJETIN DE DOBLES PUAS

Presentamos el modelo más utilizado cuando el broche es importante. El mismo cajetín se puede hacer de varias formas. Los elementos que vamos a utilizar pueden verse en la fig. 8.19.

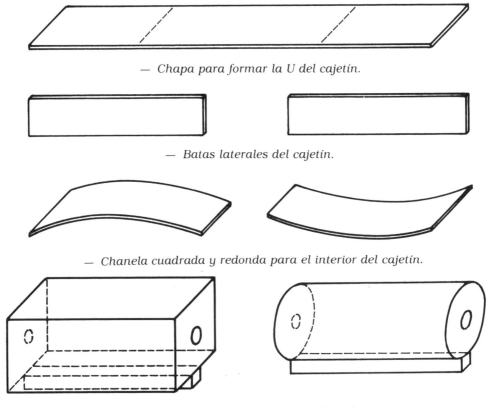

— *Chapa para formar la U del cajetín.*

— *Batas laterales del cajetín.*

— *Chanela cuadrada y redonda para el interior del cajetín.*

— *Chapas con forma para dar el salto a la púa.*

Fig. 8.19.

El cajetín

- Preparamos una bata de 6 décimas de grosor, 2 ½ mm de ancho y 15 ½ de largo.

- Se dan dos cortes de inglete en la bata, a 35 décimas por cada extremo, y doblamos por los ingletes formando así una pieza en forma de *U* (fig. 8.20).

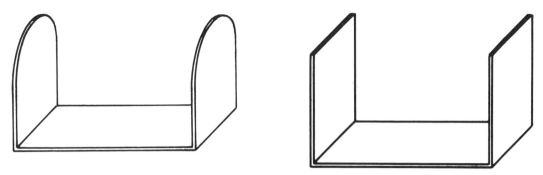

Fig. 8.20. *Bata doblada en forma de U.*

• Colocamos otra bata de 2 ½ mm a cada lado abierto de la *U*. Se sueldan por cada uno de sus lados y queda formado el cajetín (fig. 8.21).

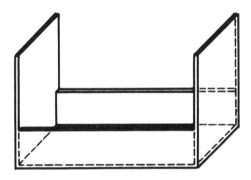

Fig. 8.21. *Cajetín para chanela cuadrada o redonda.*

• Hacemos taladro en ambos extremos a 7 décimas de diámetro.

• Hacemos una chanela cuadrada a 23 décimas de grueso y al largo correspondiente al interior del cajetín; ajustamos esta chanela dentro del cajetín.

• En la chanela se soldarán dos hilos redondos de 8 décimas de grosor y a una distancia de 1 ½ mm de cada extremo de la chanela; los hilos han de quedar en paralelo y a una distancia entre sí de 39 décimas. Estos hilos nos servirán de púas.

• Por la parte de abajo de la chanela cuadrada o redonda se colocará en el centro y a todo su largo un hilo cuadrado de 6 décimas de grueso.

Púas y muelle

• Se preparan dos chapas de bastante dureza para que hagan de muelle que es el que tiene que hacer dar el salto a las púas.

• Se curvan las chapas y se meten en el cajetín, ajustadas con algo de holgura; una chapa se introduce con las puntas hacia arriba y la otra, con las puntas hacia abajo (fig. 8.22).

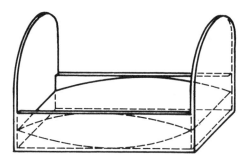

Fig. 8.22. *Chapa con forma introducida en el cajetín.*

- Se colocan las púas en el cajetín haciendo presión sobre las chapas. Se introduce el pasador por los taladros del cajetín de modo que penetre por la chanela central.

Al hacer presión en la chanela curvada, ésta hará que las púas puedan dar su correspondiente salto.

- En el broche se sueldan el cajetín y un cerrojillo (fig. 8.23).

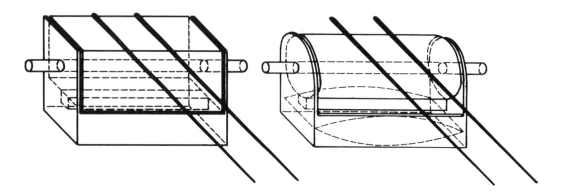

Fig. 8.23. *Cierre de cajetín con púas terminado.*

Sistema de seguridad

Una vez colocados el cerrojillo y las púas en el broche, se puede montar un sistema de seguridad. Este sistema es denominado "sistema 8"; consta de chanela e hilo con un doblez en forma de ocho (fig. 8.24).

Fig. 8.24. *Chanela e hilo en forma de ocho para sistema de seguridad.*

122

Para montarlo, seguiremos este procedimiento:

- Colocamos una pequeña chanela a una distancia de 5 mm del cerrojillo;
- Introducimos en la chanela un hilo de 5 ó 6 décimas de grosor;
- Cruzamos los hilos ajustándonos a la altura de la púa del broche. El cerrojillo debe estar cerrado;
- Se cortan las dos puntas del hilo que se ha introducido en la chanela, dejando que sobresalgan por encima de la púa: una sobresaldrá más de 1 mm de la púa; la otra punta sobresaldrá 2 ½ mm de la púa.
- Damos bórax a este extremo del hilo, que se fundirá para formar una pequeña bola (fig. 8.25).

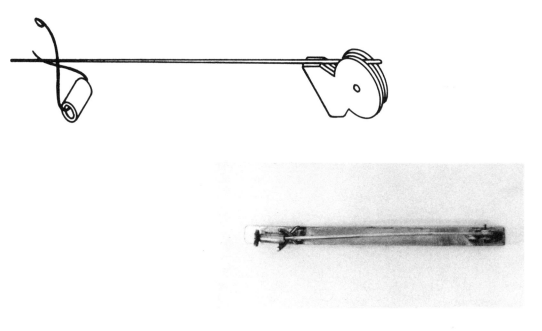

Fig. 8.25. *Sistema de seguridad terminado.*

Nota:

- *El cajetín se soldará al broche sin las chapas que servirán de muelle y sin las púas, ya que, si estas piezas se metieran al fuego, perderían su dureza, dejando el metal blando e inservible para su función. Las chapas que servirán de muelle se montarán en el cajetín después de haber sido éste soldado.*
- *El cajetín se utiliza para broches de bastante peso y que pueden cabecear; por esto lleva dos púas. Para broches más sencillos se utiliza el sistema de lenteja, es decir, de una sola púa.*

UNIDAD DIDACTICA 9

Cierres para collares, pulseras y cadenas

Como los pendientes, los collares o gargantillas para las mujeres, las cadenas para el cuello del hombre y las pulseras son piezas de joyería muy estimadas, de gran valor estético para el adorno personal y, a veces, de elevadísimo costo económico. Los collares y las cadenas presentan variadas formas y ''caídas'', según su configuración. A ellas han de adaptarse los distintos tipos de cierre, que han de corresponder a lo que ''la pieza pida''. Este es el tema que vamos a desarrollar.

OBJETIVOS ESPECIFICOS

- Conocer los distintos tipos de cierres de collares y cadenas y los procedimientos para montarlos.
- Adquirir destreza en el montaje de los cierres en las piezas.

CONTENIDOS

I.   Cierre de cajetín y cierre de chanela.
II. Cierres ocultos y cierres de collar de una sola vuelta.

I. CIERRE DE CAJETIN Y CIERRE DE CHANELA

1. CIERRE DE CAJETIN

Es el cierre más utilizado. Véase en la fig. 9.1 los elementos de que consta.

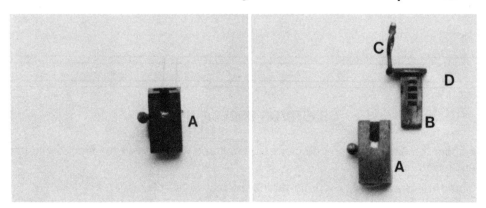

Fig. 9.1. *A. Cajetín. B. Lengüeta. C. Cierre de seguridad de ocho. D. Tirador.*

El procedimiento para montar este tipo de cirre es el siguiente:

- Hacemos en primer lugar, la caja rectangular, que puede ser de una sola pieza. Para ello se prepara una chapa de 7 décimas de grueso, 22 mm de largo y 10 mm de ancho.

- Aplanamos la chapa por un extremo de su largo y desde este plano trazamos con el compas 18 décimas de pared, 80 de chapa de base y 18 para la otra pared. Toda la chapa restante se dobla para que ajuste encima de la otr pared (fig. 9.2).

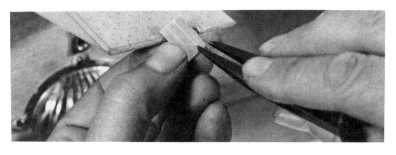

Fig. 9.2. *Trazos en la chapa para el cierre de cajetín.*

- Los dobletes de la chapa se realizan a base de ingletes. Soldados todos los ingletes, queda formada la caja rectangular.

- En uno de los lados de la caja se suelda una chapa de 7 décimas de grueso y en la otra se ajusta una chapa dejando un espacio libre para el salto de la lengüeta; por este extremo se abre con la segueta una entrada en forma rectangular, para que entre en este espacio abierto el tirador.

A continuación se prepara la *lengüeta*, que consta de dos chapas dobladas y superpuestas. Para confeccionarlas, se estira una chapa al ancho del interior del cajetín, a 7 décimas de grueso. Doblamos esta chapa por su centro y la ajustamos al interior del cajetín: preparamos un bata de 8 décimas de grueso, la misma medida de la boca rectangular del cajetín; a esta bata se suelda la lengüeta inferior. La lengüeta superior se corta a la medida que corresponda al salto del cajetín. En esta chapa superior soldamos el tirador (fig. 9.3).

Fig. 9.3. *Tirador soldado a la chapa superior de la lengüeta.*

Fig. 9.4. *Cajetín terminado.*

Al cerrar la lengüeta, tiene que oirse el salto. Este cierre se emplea en collares, cadenas, pulseras y en piezas muy variadas (fig. 9.4).

2. CIERRE DE ESLABONES Y CAJETIN

Este tipo de cierre se emplea para collares y pulseras, cuyos eslabones se utilizan para la parte superior del cierre. El cierre consta de *eslabones, cajetín, lengüeta* y *tirador* (fig. 9.5).

Fig. 9.5.
A. Eslabones. B. Cajetín. C. Lengüeta. D. Tirador.

Para montar este sistema de cierre, se procede de la siguiente manera:

a) Preparación del cajetín y de los eslabones

- Preparamos una chapa para la fabricación del cajetín siguiendo los mismos pasos que en el caso anterior y dejando el cajetín en forma de U (fig. 9.6).

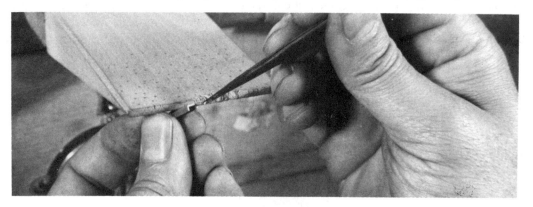

Fig. 9.6. *Preparación del cajetín en forma de U.*

- Casamos (soldar los eslabones entre sí dejándolos fijos) 3 ó 4 eslabones de la cadena y hacemos un pequeño rebaje a todo el largo de los eslabones soldados; ajustamos al cajetín en este rebaje y soldamos el cajetín en el rebaje de los eslabones (fig. 9.7).

Fig. 9.7. *Cajetín soldado a los eslabones.*

Fig. 9.8. *Cajetín cortado en dos partes.*

- En la parte de los eslabones, a 3 mm del extremo, damos un corte transversal de 12 décimas de grueso: preparamos una bata a 6 décimas de grueso y a una altura superior al cajetín; doblamos por la mitad del largo la bata y la introducimos en el corte transversal. Soldamos esta bata a un lado y a otro del corte sin que la bata llegue al fondo del cajetín, dejando el espacio suficiente para introducir la lengüeta.

- Cortamos con la segueta por el doble de la bata y por la parte del cajetín transversalmente; el cajetín quedará cortado en 2 partes (fig. 9.8).

- Preparamos una chapa de 6 ó 7 décimas para la lengüeta, ajustando ésta al espacio dejado en el cajetín. Doblamos por la mitad esta chapa para configurar las dos lengüetas, inferior y superior. El extremo de la lengüeta se introduce en el espacio dejado en la parte más corta del cajetín, y se suelda.

- A continuación se hace un corte en forma rectangular en la parte superior del cajetín para el paso del tirador (fig. 9.9).

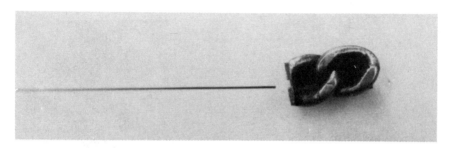

Fig. 9.9. *Caja abierta en la parte superior del cajetín.*

b) Preparación del tirador

- Cortamos la lengüeta superior al largo del salto del cajetín. Para ello introducimos la lengüeta en el cajetín comprobando su salto y marcando con la punta de trazar dónde vamos a colocar el tirador.

- Se presiona hacia abajo con la punta de trazar la lengüeta superior para que salga del cajetín, si se suelda un trozo de bata en esta marca.

- Se introduce de nuevo la lengüeta en el cajetín y cortamos el tirador a la altura que corresponda, que será siempre superior a la de los eslabones (fig. 9.10).

Fig. 9.10. *Cajetín de eslabones terminado.*

3. CIERRE DE CHANELA

El procedimiento para montar este tipo de cierre es el siguiente:

- Se prepara un chanela redonda a 34 décimas de diámetro y 4 décimas de grueso de pared.

- En uno de sus extremos soldamos una chapa de 6 décimas de grueso.

- Cortamos esta chapa, ajustándonos al contorno de la chanela: hacemos un taladro en el centro de la chapa soldada y abrimos un círculo con la segueta de 2 milímetros de diámetro, quedando en el interior de este círculo una pestaña de metal de 3 décimas alrededor de este círculo, pestaña que servirá de salto a la lengüeta (fig. 9.11);

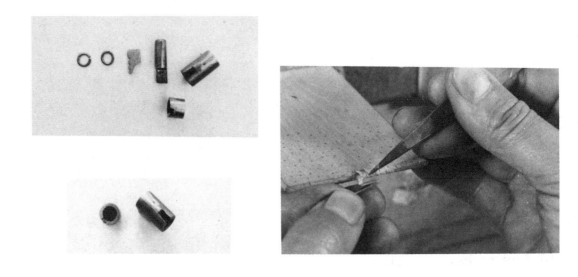

Fig. 9.11. *Círculo abierto en la chapa soldada.*

- En la parte superior del círculo abierto se corta con la segueta un rectángulo para el paso del tirador.

a) Preparación a la lengüeta

- La lengüeta se prepara partiendo de una bata en forma de media caña, doblándola por la mitad y ajustando la lengüeta al círculo abierto en el extremo de la chanela.

- La lengüeta superior se cortará a la medida de la pestaña dejada en el interior de la chanela, colocando y soldando el tirador en la lengüeta superior.

- En la lengüeta inferior se hace un asa, si es para un cierre de collar, y en el otro extremo de la chanela se coloca otra asa (fig. 9.12).

Fig. 9.12. *Cierre terminado.*

II. CIERRES OCULTOS Y CIERRES DE UNA SOLA VUELTA

1. CIERRES OCULTOS

Cierres ocultos son los que no están a la vista cuando la pieza se mira de cara. Se emplean en collares, cadenas, pulseras. Los elementos de este tipo de cierres son: *pieza frontal, carril, lengüeta y tirador (fig. 9.13).*

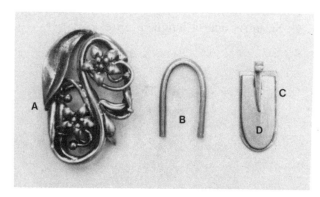

Fig. 9.13. *A. Pieza frontal, B. Carril, C. Lengüeta y D. Tirador.*

Para montar este tipo de cierres, seguimos este procedimiento:

- Preparada la pieza frontal, que puede ser de formas muy variadas, hacemos la chapa el cuadradillo de esta pieza como se ha explicado en la unidad 3 cuadradillos con galerías.

- Soldado este cuadradillo a la pieza, pasamos a la *preparación del carril:*

  - se hace una chanela de 16 décimas de diámetro, y un grueso de pared de 4 ½ décimas;

  - una vez hecha esta chanela, se pasa a limar por su juntura todo el largo de la chanela hasta dejar media chanela;

  - volteamos esta media chanela en forma de U, dejando el plano limado en el interior del volteo (fig. 9.14);

Fig. 9.14. *Chanela volteada por la mitad para cierre oculto.*

- trazamos el ancho del carril en el cuadradillo, cortando con la segueta por estos trazos;

- ajustamos y soldamos el carril en el corte dado en el cuadradillo;

- en el espacio libre entre la parte superior del carril y la pieza frontal, se suelda un trozo de bata de 8 décimas de grueso; en esta bata hará el salto de lengüeta superior. En el centro de esta bata soldada se corta un pedazo de 2 milímetros de ancho para que pase por este hueco el tirador.

b) Preparación de la lengüeta

- Se prepara una chapa de 7 décimas de grueso para la lengüeta inferior y ajustamos ésta en el carril dejando la lengüeta introducida en el carril.

- Pasamos a ajustar encima de esta lengüeta la lengüeta superior, que tendrá 6 décimas de grueso.

- Se sacan del carril las 2 chapas de las lengüetas, se atan una encima de la otra. Se introduce entre ellas un trozo de pelo de segueta para que la dos chapas de la lengüeta queden lenvantadas entre sí, y se sueldan en su extremo. El pelo se retira al ser soldadas las dos chapas.

- Se introduce la lengüeta en el carril (fig. 9.15);

Fig. 9.15. *Lengüeta introducida en el carril.*

- Se hace un trazo en la chapa superior de la lengüeta, por donde la tenemos que cortar para el salto; también se hace un trazo en la chapa inferior de la lengüeta, por donde tiene que ir cortada siguiendo el contorno del cuadradillo.

- Se suelda a la chapa inferior una bata de 12 décimas, siguiendo el contorno del cuadradillo.

- Soldada esta bata a la lengüeta, se lima en cuchilla esta bata para que no se vea por el frente de la pieza.

- Se vuelve a meter la lengüeta en el carril y se marca donde va a ir el tirador.

- Sacamos la lengüeta del carril y soldamos el tirador en la marca hecha (fig. 9.16).

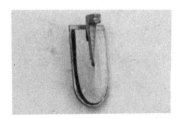

Fig. 9.16. *Tirador soldado en la lengüeta.*

- En la parte superior del tirador se puede soldar una de las piezas que configuran la pieza frontal, para ser disminuido y ocultar el tirador;

- Para concluir el montaje, se sueldan las asas a un lado y a otro de la pieza (fig. 9.17).

Fig. 9.17. *Cierre oculto terminado.*

Nota:

Las medidas de los gruesos de chanela de carril serán:

- *grueso de chapa: 4 ½ décimas para la chanela;*
- *diámetro de chanela: 16 décimas;*
- *chapa inferior de la lengüeta: 7 décimas;*
- *chapa superior de la lengüeta: 6 décimas;*
- *tirador: según necesidad;*
- *ancho de las chapas de la lengüeta: según necesidad;*
- *chapa para ajustar en el contorno de la pieza: 10 ó 12 décimas.*

---

2. CIERRES DE UNA SOLA VUELTA

Estos cierres solamente se emplean para collares. Constan de estos elementos: *chapa, gancho, tirador, hilos cuadrados, asas* y *cuadradillo.* Para confeccionarlos se procede de la siguiente manera:

- Partimos de una chapa de 7 décimas, a la que damos forma oval, exagonal, etc...

- Se embute la chapa y se le hacen gallones (fig. 9.18). Tratándose de una chapa de forma oval, que es la que proponemos como muestra del sistema, continuamos con este procedimiento.

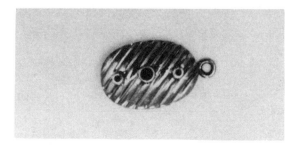

Fig. 9.18. *Chapa con forma oval con gallones, chatones y asa.*

- Hacemos otra chapa exactamente igual para el cuadradillo.

- Se sueldan encima del cuadradillo unos hilos cuadrados de 12 décimas en forma de cruz y se cortan por el interior del cuadradillo. Quedarán unos trozos de los hilos soldados sobresaliendo por encima del cuadradillo (fig. 9.19). Entre los trozos de los hilos cortados se deja el espacio suficiente entre hilo e hilo para que pase el gancho tirador.

Fig. 9.19. *Hilos cuadrados por debajo del oval con gallones y chatones, y por encima del cuadradillo para el cierre de una sola vuelta.*

- Colocamos el cuadradillo encima de la chapa embutida y lo soldamos a la chapa de los puntos de hilo dejados en el cuadradillo. Quedará así una luz de 12 décimas entre el cuadradillo y la parte principal de la pieza.

- A 3 mm de uno de sus extremos se coloca a un lado y a otro del cierre un nuevo hilo cuadrado, que se suelda en el cuadradillo y en la pieza principal. Este hilo cuadrado es el que va a servir para el salto.

- A continuación preparamos el gancho tirador en una chapa de 12 décimas de grueso (fig. 9.20).

Fig. 9.20. *Gancho tirador ajustado en el interior del cierre.*

- Trazamos la figura del gancho tirador con el asa incluida en dicha figura. En el lado más corto de la figura se deja el tirador, que consiste en este caso en una parte saliente de la misma figura para abrir o cerrar el cierre.

- Por la parte de abajo del tirador se hace con la segueta una pequeña muesca que servirá de salto para el gancho tirador (fig. 9.21).

Fig. 9.21. *Cierre de una sola vuelta terminado.*

Algunas piezas en joyería van articuladas; pueden ser los eslabones de pulseras, de collares o pendientes con chorrera.

Articulación es la unión de dos piezas montadas de tal manera que se hace posible su movimiento mediante pasadores, chanelas, y asas... Es importante conocer los distintos sistemas de articulación para emplear en cada pieza el sistema más apropiado.

OBJETIVOS ESPECIFICOS

- Conocer los procedimientos para montar los distintos sistemas de articulación.
- Adquirir destreza en el montaje de piezas articuladas.

CONTENIDOS

I. Articulación de bisagra o chanelas y articulación con bola interior.
II. Otros sistemas de articulación.

I. ARTICULACIONES DE BISAGRA O JUEGO DE CHANELAS Y ARTICULACIONES CON BOLA INTERIOR

1. ARTICULACION DE BISAGRA

La articulación de bisagra se monta para unir dos piezas y lograr con esto que se muevan por esta unión. Para explicar este montaje, pondremos un ejemplo de base: unir con este sistema dos casquillas. En el procedimiento diferenciamos dos operaciones:

- Ajuste de la chanela.
- Colocación de las chanelas en las casquillas.

a) Ajuste de la chanela

Para ajustar la chanela, procedemos de la siguiente manera:

- Hacemos dos casquillas de 18 mm y preparamos una chanela de 18 décimas de diámetro exterior y de un grueso de chapa de 5 décimas. La chanela quedarán con 8 décimas de diámetro interior.

- Cortamos luego un trozo de chanela de 12 mm y en cada extremo de este trozo de chanela hacemos con el compás dos trazos trasversales de 4 mm, uno a cada extremo.

- Cortamos con la segueta por estos dos trazos hasta la mitad de la chanela y también cortamos el metal existente entre los dos cortes trasversales (fig. 10.1).

- Preparada esta chanela, pasamos a unir con goma laca las 3 casquillas para el ajuste de la chanela.

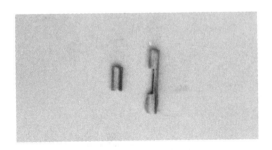

Fig. 10.1. *Chanela cortada.*

- Con un limatón redondo limamos entre las dos casquillas hasta que ajuste la chanela preparada.

- Separamos y quitamos la goma laca de las casquillas, y las blanquecemos.

b) Colocación de las chanelas en las casquillas

Para colocar las chanelas en las casquillas, seguimos este procedimiento:

- Atamos la chanela cortada a una de las casquillas por el ajuste hecho (fig. 10.2).

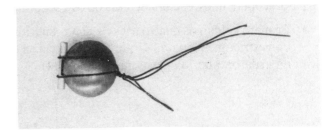

Fig. 10.2. *Chanelas atadas en las casquillas.*

- Colocamos la chanela sobre el ajuste en forma de puente.

- Soldamos los dos lados de la chanela a la casquilla y cortamos la forma de puente.

- Pasamos a ajustar otro trozo de chanela en el centro de la chanela soldada para armar el juego de bisagra.

- Soldamos este trozo de chanela en el centro del ajuste limado en la otra casquilla.

- Introducimos esta chanela en el espacio abierto en la otra chanela. Así queda ajustado el juego de chanelas.

- A continuación introducimos un pasador por el interior del juego de chanelas. El pasador puede ser remachado o soldado por sus extremos (fig. 10.3).

Fig. 10.3. *Juego de bisagra o chanelas terminado.*

Si estos juegos de chanelas fueran soldados, la soldadura no debe pasar a la chanela central, pues el sistema quedaría ''casado'' (es decir, sin juego de movimiento).

---

2. ARTICULACION CON BOLA INTERIOR

Como muestra, describimos el montaje de esta articulación en 2 eslabones de collar o pulsera. En cuanto al modo de proceder, distinguimos dos pasos:

- Acoplamiento de los eslabones, unos con otros.
- Preparación del pasador.

a) Acoplamiento de los eslabones, unos con otros

Para acoplar unos eslabones con otros, seguimos este procedimiento:

- Primero soldamos cuatro asas de canto en cada eslabón. Las soldadas en un lado del eslabón estrán más separadas que las soldadas en el otro lado del mismo eslabón. Así se hace en cada uno de los eslabones (fig. 10.4).

Fig. 10.4. *Eslabón con cuatro asas soldadas.*

- Luego pasamos a encajar un eslabón en otro. Para ello juntamos un eslabón a otro, acoplando las asas más cerradas a las asas más separadas.

b) Preparación del pasador

- Estiramos un hilo redondo al grueso correspondiente al interior del asa.

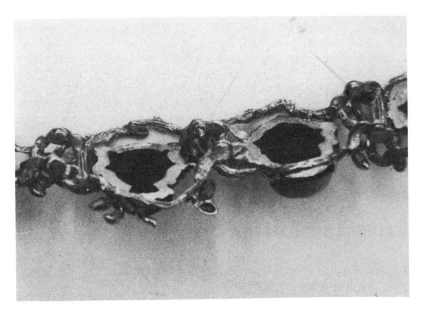

Fig. 10.5. *Bola formada en el extremo del hilo.*

- Con el soplete fundimos el extremo del hilo, formando una pequeña bola (fig. 10.5).

- Introducimos el hilo hasta la bola en uno de los espacios de la hilera y golpeamos con el martillo la bola hasta hacer un plano en ella.

- Sacamos el hilo de la hilera y lo introducimos por la parte interior del juego de asas. Esto lo hacemos en cada uno de los juegos de asas. Cada eslabón consta de 4 juegos.

- Colocamos todos los pasadores, soldamos por el lado de fuera del pasador y cortamos el hilo sobrante por este lado.

- Repasamos la soldadura, y el juego de bola interior está terminado (fig. 10.6).

Fig. 10.6. *Pulsera terminada.*

Nota:

Estos juegos de asas ajustarán entre sí que no tengan movimiento lateral. Al ser soldados los pasadores, no puede llegar la soldadura al asa interior, pues el movimiento se casaría.

139

II. OTRAS ARTICULACIONES

1. ARTICULACIONES EN CHORRERA

Se denomina *chorrera* a las formas de cascada que cuelgan de los pendientes largos (fig. 10.7), como garras, bandas y baquette.

Fig. 10.7. *Pendiente con chorrera.*

Describimos como muestra, en este caso, el montaje de esta articulación en unas garras hechas de asas de cuatro patas. El procedimiento consta de dos operaciones:

- Soldadura del asa.
- Colocación del pasador.

a) Soldadura del asa

Para soldar el asa, procedemos de la siguiente manera:

- Comenzamos soldando un asa en el extremo del pendiente que corresponda a la posición de la caída de la chorrera.
- En el espacio libre entre asa y asa de cada una de las garras, soldamos un hilo redondo en forma de U (fig. 10.8), que hace el asa alargada. La última garra de la chorrera se deja sin asa, ya que van montadas unas garras detrás de otras, y a la última no le corresponde asa.

Fig. 10.8. *Pendiente y garra con asas soldadas en forma de U.*

b) Colocación del pasador

El procedimiento para colocar el pasador es el siguiente:

- Introducimos el asa del pendiente en el espacio libre entre asa y asa de una de las garras.

- Por la parte de atrás de la garra se introduce un hilo redondo ajustado al interior del asa del pendiente.

- Se suelda este pasador al asa de atrás de la garra, quedando así esta garra con movimiento, (fig. 10.9).

- Se coloca otra garra al asa de la garra soldada, y así hasta colocar y soldar todos los pasadores, quedando efectuada la chorrera.

Fig. 10.9. *Pasador colocado para ser soldado.*

Nota:

Es importante que, al soldar el pasador, la soldadura no llegue a la U en forma de asa, que casaría la pieza y no tendría movimiento.

---

2. ARTICULACION COSIDA

Este tipo de articulación se emplea principalmente en collares y pulseras.

Como muestra nos sirve, igual que en el caso anterior, la articulación en garras con cuatro patas.

El modo de proceder es el siguiente:

- Colocamos en hilera las garras de modo que se toquen entre sí una de las patas de cada garra y queden colocadas en forma de rombo las patas de las garras (fig. 10.10).

Fig. 10.10. *Garras colocadas en hilera para efectuar el cosido.*

- Soldamos un hilo redondo en el espacio que va entre asa y asa de la garra, pegado completamente a la pata.

- El otro extremo del hilo se introduce entre asa y asa de la otra garra, abrazando una de las patas y sacando el hilo por el otro lado de la pata.

- Se introduce el hilo por el otro lado de la pata de la garra, se tira del hilo para dejarlo ajustado a la pata y se suelda este extremo del hilo a la pata de la garra. Así quedarán cosidas las garras entre sí.

- Soldamos el hilo a la pata de la garra: el otro extremo del hilo soldado se corta, consiguiendo así la articulación (fig. 10.11).

Fig. 10.11. *Articulación cosida.*

Nota:

Es importante, el soldar el otro extremo del hilo, no casar el juego.

---

3. ARTICULACION TRADICIONAL DE ASAS

Este sistema de articulación se emplea en medallas, colgantes y pulseras. Consiste en colocar un asa plana en un eslabón y otra de canta en otro eslabón. Otro procedimiento es colocar un asa plana en un eslabón y otra asa plana en el otro eslabón, haciendo la articulación con una reasa intermedia (fig. 10.12).

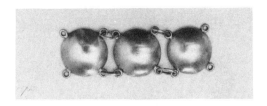

Fig. 10.12. *Articulación de asas.*

Nota:

Se denomina asa *a la anilla que va en las medallas y colgantes.*

Se denomina reasa *al enganche que va con el asa.*

El asa puede ser de hilo redondo, cuadrado, de chapa, etc. La reasa puede ser de hilo de chapa, de chapa con gallones, redonda, oval en forma de lágrima, en rombo, etc.

La reasa siempre va colocada de canto, puesto que es por donde pasa la cadena, quedando el colgante en su plano.

Núcleo temático 5

UNIDAD DIDACTICA

11. *Fundición a la cera perdida.*

Al tratar de la ''fundición a la cera perdida'', nos referimos a una técnica especial aplicada para la fundición de los metales (oro, plata, etc.) con los que se confeccionan las piezas de joyería. Conocer esta técnica, en qué consiste, herramientas que se utilizan, qué procedimiento hay que seguir para llevar a cabo la fundición. es un complemento imprescindible para perfeccionar la formación básica del aspirante a artífice joyero.

OBJETIVOS ESPECIFICOS

- Conocer la técnica de fundición a la cera perdida.
- Adquirir destreza para la aplicación de esta técnica.

CONTENIDOS

I. INTRODUCCION

1. La fundición a la cera perdida.

2. Herramientas, materiales y máquinas.

II. EL PROCESO DE FUNDICION

1. Preparación del modelo original.

2. Procedimiento para la fundición a la cera perdida.

I. INTRODUCCION

1. FUNDICION A LA CERA PERDIDA

La fundición a la cera perdida consiste en reproducir en cera un *modelo original* de anillo, pendientes, etc. y después hacer la reproducción de este modelo en metal: oro, plata o similar.

Esta técnica data de hace 3.000 años. Comenzó a practicarse en Egipto y simultáneamente en Sudamérica en la época precolombina. Por la facilidad y rapidez de su aplicación, se ha hecho indispensable en la joyería moderna, si se quiere competir en precio; indispensable también, porque con ella se obtienen volúmenes y formas, que a mano no las podría conseguir el artífice joyero. Después de varios siglos en desuso, la fundición a la cera perdida vuelve a ser utilizada en el s. XV por famosos orfebres italianos, como Benbenuto Celiny.

Posteriormente decae de nuevo el uso de este técnica, hasta que en la 2ª Guerra Mundial los alemanes empiezan a aplicarla en la fabricación de armamento y de las prótesis dentales.

A partir de estos trabajos, se desarrolla la aplicación de la fundición a la cera perdida en tres sectores:

- sector de las prótesis dentales,
- sector industrial,
- sector de joyería (microfusión).

En cada uno de estos sectores la fundición a la cera perdida sigue caminos distintos con técnicas parecidas, pero no iguales. La técnica de la cicrofusión en joyería es la que evoluciona menos, pues no se investiga; tiene que servirse de las investigaciones hechas en los otros sectores. A pesar de esto, la aplicación de esta técnica se extiende de tal manera, que en la actualidad el 90% de las piezas realizadas en joyería en todo el mundo se produce mediante la fundición a la cera perdida.

No por esto, sin embargo, ha desaparecido el trabajo artesanal en joyería; por el contrario, se ha reforzado el arte de la joyería a mano, dado que la función a la cera perdida requiere el trabajo previo de un modelista joyero que confeccione la pieza o modelo original que se va a reproducir. El modelo original no puede ser más que obra de unas manos expertas.

Se comprenderá ahora mejor lo que ya hemos afirmado en cuanto a la necesidad de que el artífice joyero conozca bien cómo se desarrolla el proceso de la función a la cera perdida. Lo primero que ha de conocer, son las herramientas necesarias para la aplicación de esta técnica.

2. HERRAMIENTAS, MATERIALES Y MAQUINAS

Para la fundición a la cera son necesarias diversas herramientas, materiales y máquinas, que vamos a describir a continuación.

a) Herramientas

Bisturí

El bisturí nos sirve para cortar los diferentes cauchos. Consta de mango de acero o plástico y cuchilla de corte. Hay diferentes cuchillas: rectas y con codo.

La cuchilla se monta en la empuñadura. Para montar y desmontar el bisturí, debemos tomar precauciones; utilizamos un trozo de lija para colocarlo en el soporte y así no correremos peligro de cortarnos en su montaje (fig. 11.1).

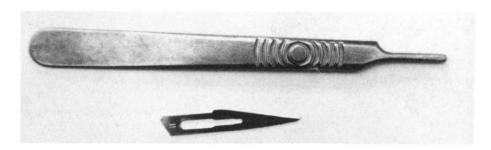

Fig. 11.1. *Mango y cuchilla del bisturí.*

Cercos o marcos

Con ellos enmarcamos las gomas para formar el molde de caucho. Hay cercos o marcos de distintas medidas. Suelen ser de alumnio. De la goma o caucho trataremos más adelante (fig. 11.2).

Fig. 11.2. *Marcos de distinta clase.*

Cilindros

Los cilindros que se utilizan en la fundición a la cera perdida, son tubos huecos de acero refractario, en los que se vacía la masa que servirá para el revestimiento del árbol de cera, colocado en su interior.

El modelo de cilindro siempre es el mismo; cambia su tamaño según el tamaño del árbol que se va a fundir (fig. 11.3).

Fig. 11.3. *Cilindros de distinto tamaño.*

Gomas con macerota

Estas gomas sirven de tapa para la base del cilindro. En su centro interior esta tapa tiene un saliente de goma de forma cónica con un agujero en su centro para sujetar el vástago del árbol. Esta parte cónica es la que se denomina "macerota". Es imprescindible, al poner esta tapa de goma en cilindro, pesarla en un peso de variación de ½ gr, marcar este peso en su base y numerarla, como luego se explicará (fig. 11.4).

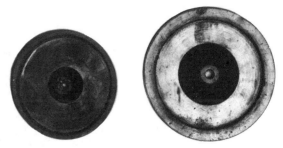

Fig. 11.4. *Gomas con macerota.*

Chapas planas de latón para los cercos

Se utilizan estas chapas de latón para que el molde caucho, enmarcado por los cercos, no se deforme al inyectar en él la cera. Por eso su tamaño ha de ser algo mayor que el de los cercos y su espesor será de 12 décimas (fig. 11.5).

Fig. 11.5. *Diferentes chapas planas.*

Crisoles para fundición

Los crisoles, como se explico en el *tema 1*, son cazoletas que sirven para fundir en ellas los metales. Son de material refractario y en su interior tienen una boca de vaciado. Hay crisoles de diferentes capacidades. Resisten altas temperaturas (fig. 11.6).

Fig. 11.6. *Crisol para la fundición a la cera perdida.*

Antes de utilizar el crisol, debemos hacer lo que se denomina su "curación". Consiste en calentar el crisol con el soplete, echarle bórax en polvo y, sin dejar de calentarlo, echar también bórax en la boca del vaciado. Después de esto se echa el metal en el crisol y se pasa a fundir.

Probeta

La probeta que se utiliza en joyería es una vasija con forma de tubo, que se emplea para medir el agua que ha de mezclarse con el polvo o escayola del revestimiento. Puede ser de pasta transparente, con unas rayas trasversales de medida graduada en m 13 ó cm 3. La probeta utilizada suele ser de ½ ó 1 litro (fig. 11.7).

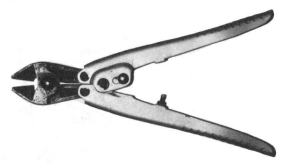

Fig. 11.8. *Cizalla de corte.*

Fig. 11.7. *Probeta de ½ litro.*

Tenaza de corte

La tenaza de corte o cizalla se utiliza para cortar los bebederos de un árbol fundido. Es de punta alargada, de modo que puede entrar en todas partes, y lo suficientemente fuerte para que no cueste excesivo trabajo cortar muchos bebederos, ni se rompa con facilidad (fig. 11.8).

Tornillo de mano

Este tornillo sirve para sujetar el caucho que hemos de cortar con el bisturí. Es un tornillo que está equipado con un tornillo sin fin en su base, mediante el cual puede ser fijado en el puesto de trabajo. Esto nos permite sujetar el caucho en su mordaza para cortarlo con el bisturí. (Ver *tema 1*) (fig. 11.9).

Fig. 11.9. *Tornillo de mano para sujetar el caucho.*

Tijera

La tijera debe ser fuerte y de buen corte, puesto que la vamos a utilizar para cortar la goma o caucho (fig. 11.10).

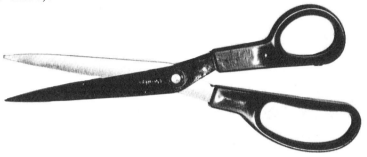

Fig. 11.10. *Tijera para cortar el caucho.*

Paleta para batir

Se utiliza para echar el revestimiento del árbol en el peso y para hacer posteriormente el batido a mano en el cubo (fig. 11.11).

Fig. 11.11. *Paleta para batir.*

Cubo

El cubo donde se hace el batido del revestimiento debe ser algo más pequeño que la campana de la bomba de vacío, que tiene 22 cms de diámetro y 20 cms de profundidad (fig. 11.12).

Fig. 11.12. *Cubo para el batido.*

Cazoleta de plomo para el blanquimento

Hay cazoletas de distintas medidas para el blaquimento, ácido que sirve para blanquear los metales (ver *tema 2*). Debemos utilizar la cazoleta más apropiada a la medida de los árboles que vamos a fabricar.

Para blanquear con el ácido caliente, se utilizará una llama permanente de gas (fig. 11.13).

Fig. 11.13. *Cazoleta de plomo para el blanquimento.*

Bebederos

''Bebedero'' es la denominación propia de la boca de un molde para la entrada del material fundido (metal, cera). En el *tema 3* nos referimos a los bebederos de la concha de jibia. El bebedero del molde de caucho, que se utiliza en la fundición a la cera perdida, es la boca de entrada por donde se inyecta la cera o metal fundidos. Por traslación semántica (metonimia), se denominan también *bebederos* los hilos con los que se hace en el caucho esta entrada; son hilos redondos, que por uno de sus extremos son de mayor tamaño que el resto y terminan en forma cónica.

Podemos fabricar los bebederos con cobre o latón, pero no es recomendable; el ajuste que hace la boca de la inyectora a la entrada hecha en el caucho por estos bebederos de ''fabricación propia'' no es la más idónea.

En la actualidad hay en el mercado bebederos fabricados con el grueso ideal; en su extremo tienen la forma cónica, que ajustará perfectamente en la boca de la inyectora (fig. 11.14).

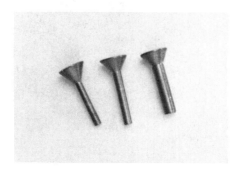

Fig. 11.14. *Bebedero normal.*

Especial atención merece la colocación de los bebederos en el molde de caucho.

Colocación de los bebederos

Una vez estudiada la pieza que se va a reproducir en el molde, se colocará el bebedero en las partes más fáciles de repasar; en los anillos los colocaremos en los brazos; en las demás piezas, por su complejidad, observaremos el centro y las cavidades que ha de recorrer la cera en el caucho y el metal en la fundición (fig. 11.15).

Fig. 11.15. *Moldes con bebedero para anillo.*

Cuando las piezas son de un tamaño importantes, se emplean dos, tres y hasta cuatro entradas; las que sean necesarias para facilitar la entrada de la cera en el molde de caucho. El bebedero se debe soldar.

En cuanto al modo técnico de colocar el bebedero, tendremos en cuenta estas indicaciones:

Es importante hacer con el bebedero de 2 entradas una media luna y en su centro soldar el bebedero principal. De ninguna manera se marcará un ángulo en forma de *V* para colocar en él la entrada del bebedero. Si se hiciera así, habría grandes probabilidades de que la pieza pudiera salir defectuosa, con poros o con partículas de revestimiento; una vez sacada la cera y pasada al cilindro (como luego explicaremos), podría suceder, al hacer la colada del metal, que, cuando éste penetrara incandescente en el molde, chocase con el ángulo en forma de *V* que forma las dos entradas con el bebedero principal, levantando partículas de revestimiento y llevándolas al interior de la pieza. Esta pieza saldría con poros.

Este riesgo se elimina, colocando las entradas dobles, no en forma de *V*, sino en forma de *U* o media luna (fig. 11.16).

 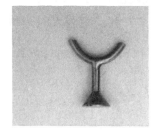

Fig. 11.16.
Forma incorrecta: Bebedero colocado en forma de V.   *Forma correcta: Bebedero colocado en forma de U.*

Si colocamos algún bebedero de ayuda (uno, a 3 mm y otro a 1/½) pretendiendo con esto facilitar la entrada del metal, no nos serviría para nada, pues al pasar el metal fundido por los bebederos, éstos sufren una reducción por adherencia del metal, y quedaría tapado este paso tan fino.

Cepillo para quitar el revestimiento del árbol ya fundido

El que se utiliza en este caso es un cepillo de madera con pelo duro de animal, para frotar el árbol fundido y quitar todo el revestimiento posible, antes de pasarlo al blanquimiento (fig. 11.17).

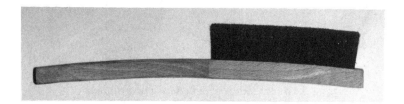

Fig. 11.17. *Cepillo para jabonado.*

b) Materiales

Plancha de goma o caucho

La goma virgen, también denominada caucho, se emplea en la fundición a la cera perdida para hacer el molde del modelo original, que ha de reproducirse primero en piezas de cera. Esta goma o caucho se fabrica en planchas; sus superficies vienen protegidas con plásticos adheridos a la goma para evitar el polvo y la suciedad (fig. 11.18).

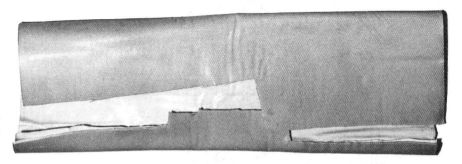

Fig. 11.18. *Goma o caucho.*

En la fundición a la cera perdida, la goma, que hace de envoltorio del modelo original, es sometida a la vulcanización y, mediante este proceso de calentamiento y presión, se convierte en una masa compacta, que encierra en su interior el modelo original, formando una especiė de bocadillo.

El espesor de las gomas fabricadas es de 3 mm. Para pegar unas gomas con otras, se quitará el plástico protector. Para manipularlas es imprescindible tener las manos totalmente limpias.

Para su utilización como molde, se trazarán con un bolígrafo en la plancha de caucho las medidas del cerco, y luego se cortan las tiras con una tijera (fig. 11.19).

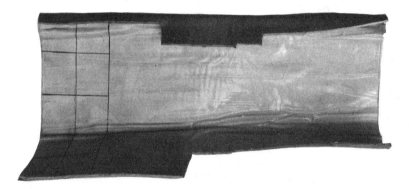

Fig. 11.19. *Trazos hechos en la plancha de caucho.*

Ceras

La cera se utiliza en este caso para la reproducción del modelo original en piezas de cera.

Existen en el mercado cientos de ceras diferentes. La que se emplea en la fundición a la cera perdida tienen una característica muy especial; y es que se inyecta la cera en el molde de caucho y al sacarla del caucho se deforma, y vuelve a su forma original. Por esto se dice de estas ceras que "tienen memoria". Otras características son: contiene un lubrificante, que impide que la cera se pegue al molde; funde a una temperatura muy baja, tiene un grado de elasticidad muy alto y una fiabilidad absoluta (fig. 11.20).

Es una cera que se ha elaborado exclusivamente para esta técnica.

Fig. 11.20. *Cera turquesa.*

Cada uno de los fabricantes de cera, indica la temperatura a la que funde la que él fabrica. Casi todas las ceras funden entre los 60°C y los 80°C.

Se fabrican ceras de diferente dureza: unas son blandas; otras, más duras. La cera blanda se deforma fácilmente al sacarla del molde; vuelve luego a su estado natural, pero no recupera su forma con toda exactitud. Las ceras algo más duras se deforman menos y sus huídas para sacar las piezas de cera son de formas más geométricas y de ajustes más perfectos; éstas se utilizan para las cajas de relojes.

Revestimiento

Es una especie de escayola, que sirve para hacer un recubrimiento refractario, capaz de soportar altas temperaturas. Se emplea para recubrir el árbol con las piezas de cera, que introducido en el cilindro hará el molde para las piezas de metal (fig. 11.21).

Fig. 11.21. *Revestimiento.*

El material refractario que se utiliza para estos cilindros, es un derivado del cuarzo. El cuarzo es un mineral, que tiene la propiedad de poder ser sometido a altas temperaturas —hasta 1700ºC— sin que apenas se dilate. Dado que el cuarzo es el mineral que menos se dilata y menos se contrae, del metal que se inyecta en los cilindros con revestimiento de cuarzo pueden salir las piezas con el mínimo de contracciones y deformaciones, totalmente fiel a su formas originales.

Bórax y blanquimiento

De estos ácidos y de su aplicación en joyería ya se ha tratado en el *tema 2*. Para la fundición se utiliza bórax en polvo.

c) Máquinas

Vulcanizadora

La vulcanizadora (fig. 11.22) es una prensa eléctrica, que consta de un volante para apretar y aflojar unas planchas de acero. Va equipada además con un reloj de tiempo, un termostato indicador de temperatura y dos pilotos, uno rojo y otro verde, que nos indican cuando debemos sacar el caucho o molde.

Fig. 11.22. *Vulcanizadora.*

La vulcanizadora se utiliza para hacer la goma o caucho virgen el molde del modelo original, sometiéndolo a un proceso de calentamiento y presión, como ya se ha indicado. En esto consiste la vulcanización; la goma o caucho virgen se convierte en una mesa compacta que encierra el modelo original como si se tratara de un sandwich.

Fig. 11.23. *Inyectora.*
A) *reloj de presión.*
B) *tubo de entrada del aire.*
C) *válvula.*
D) *inyector.*
E) *termostato.*

Inyectora

La inyectora (fig. 11.23) es un calderín con un depósito interior rodeado de unas resistencias, que son las que dan calor a su interior, haciendo pasar las ceras de estado sólido a estado líquido. La temperatura del calderín esté regulada por un termostato.

Es su parte superior, la inyectora tiene un reloj, que nos indica la presión, y un tubo de entrada de aire; entre el reloj y el tuvo hay una válvula de abertura y cierre. En la parte inferior de la máquina está el inyector, que es por donde fluye la cera para inyectarla en el molde de caucho.

Debemos tener en cuenta que el reloj de temperatura o termostato regula a la temperatura que funden las ceras.

Soldador eléctrico

Esta equipado (fig. 11.24) con estos elementos:

- mando de temperatura, que marca mínimo, medio y má ximo;

- mando de puesta en marcha;

- piloto indicador;

- fusible en el cuadro;

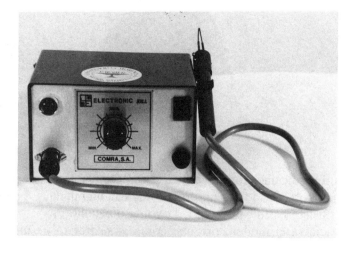

Fig. 11.24. *Soldador eléctrico.*

- toma para el cable de salida de temperatura;

- empuñadura en el extremo de este cable;

- pieza de cobre o acero en el extremo de la empuñadura, que es el trasportador de calorías para soldar;

- cable para enchufar en la red.

Bomba de vacío

La bomba de vacío (fig. 11.25) es una máquina que sirve para sacar el aire del revestimiento por medio de vibraciones o choques. Con ello se evita, en la medida de lo posible, que queden poros en el molde de revestimiento, como se explicará más adelante.

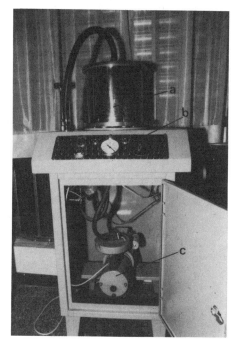

Fig. 11.25. *Bomba de vacío.*
a) campana para el vacío.
b) motor vibrador.
c) regulador de vibraciones.

Fig. 11.26. *Licuadora.*

Licuadora

La licuadora (fig. 11.26) se utiliza para eliminar del cilindro las ceras que han servido para la reproducción del modelo original en el revestimiento. Está equipada con un bidón para el agua y una bandeja con un agujero en forma de embudo. La licuadora tiene en su superficie una tapa con un reloj de temperatura y en la parte de abajo del bidón está colocada la toma y salida de gas

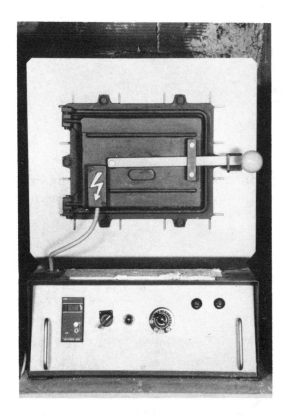

Fig. 11.27. *Exterior del horno.*

Horno

El horno (fig. 11.27) se utiliza en el proceso de fundición a la cera para hacer el tratamiento térmico de los cilindros. Está equipado con estos elementos:

- reloj indicador de temperatura o termostato. Cada fabricante lo monta de distinto tipo;

- llave de conexión, que es un piloto indicador de la entrada de calor en el horno dará el calor más rápido o más lento;

- dos fusibles en el centro del cuadro. Si hubiera alguna avería en el interior del horno, saltarían estos fusibles;

- cámara con una puerta en la que hay dos resistencias. Además, para que el calor sea homogéneo, todas las paredes de la cámara tienen sus respectivas resistencias;

- bandeja en la que se depositan los cilindros;

- en el interior de la cámara se observa un bulto, que es la sonda pirométrica; indica la temperatura que hay en todo momento en la cámara y que se refleja también en el reloj de temperatura (fig. 11.28).

Fig. 11.28. *Interior del horno.*

162

Fig. 11.29. *Centrífuga.*

Centrífuga

Esta máquina (fig. 11.29) es la que se utiliza para la inyección del metal fundido en el cilindro que hace de molde. Es de fácil manejo y está equipada con estos instrumentos:

- eje central;
- barra niveladora con un contrapeso en uno de sus lados;
- en el otro extremo tiene dos placas metálicas, que es donde se ajusta el crisol mediante un tornillo;
- enchufe para la red;
- botón de puesta en marcha y paro.

II. PROCESO DE FUNDICION

1. PREPARACION DEL MODELO ORIGINAL

Como ya queda identificado, la fundición a la cera perdida consiste en la reproducción de un modelo original de pieza de pieza de joyería: anillo, pendiente, etc. Así pues, para la aplicación de esta técnica, lo primero que hemos de hacer es preparar este modelo. Indicamos a continuación lo que hemos de tener en cuenta para que el modelo sea apropiado para la fundición a la cera perdida.

- modelo de piezas con menos de 6 décimas de grosor,
- reducción del modelo original,
- formación del modelo original,
- acabado del modelo.

a) Modelo de pieza con menos de 6 décimas de grosor.

Una de las condiciones para la utilización del modelo en la fundición a la cera perdida es que la pieza tenga el grosor adecuado para la inyección de la cera, de modo que se puedan obtener moldes de gran calidad y competitivos. El grueso de las piezas juega un papel importantísimo para la aplicación de esta ténica.

Se puede considerar espesor normal el de 6 décimas. En piezas que tuvieran menos de 6 décimas de espesor, tendríamos serias dificultades para su fabricación, ya que al inyectar la cera en el interior del caucho y hacer una ligerísima presión con las chapas de ajuste (según se explicará más adelante), la cera inyectada no correría por esos gruesos.

En estos casos, debemos colocar unos nervios de metal repartidos en el modelo para facilitar que, al inyectar la cera, ésta se introduzca en el molde, y así no tener problemas (fig. 11.30).

Por esto se ha de conocer bien el modelo que se va a reproducir, y comprobar todo el recorrido que tiene que hacer la cera al ser inyectada.

164

Fig. 11.30. *Modelo con nervios.*

b) Modificación de medidas del modelo original

Durante el proceso de fundición, se produce una modificación de las medidas originales del modelo. Efectivamente, se da una reducción de volúmenes y gruesos, que va de un mínimo de un 2% del total del interior y exterior de la pieza a un máximo del 6%; en realidad, la medida de reducción suele estar entre el 5 o 4%. Esto hace que las piezas-modelo, por la reducción de sus gruesos, disminuyan en su contorno exterior y aumenten en su diámetro interior.

Fig. 11.31. *Anillo-sello.*

Ejemplo de verificación

Exponemos como muestra, lo que ocurriría con un anillo-sello (fig. 11.31), que nos sirve de modelo para la fundición a la cera. Sometido el modelo al proceso de fundición, la pieza reproducida habrá quedado reducida en un 3 ½% aproximadamente de su volumen y grosor. Esta reducción afecta a su exterior, que disminuya en un 3 ½%, pero curiosamente afecta también a la parte interior del anillo, que queda reducida igualmente en un 3 ½%. De este modo aumentará su diámetro interior, puesto que la reducción se origina en todos los sentidos y en todas las direcciones por igual. Resumiendo: el anillo habrá aumentado de medida en su interior y habrá disminuido en su parte exterior, debido a la reducción de sus gruesos en el interior y exterior.

En consecuencia: al hacer el modelo, hemos de tener en cuenta estas modificaciones de sus medidas, si queremos que la joya que vamos a reproducir tenga el aspecto que hemos proyectado. Por lo tanto, el modelo tendrá el 3 ½% más de lo que realmente requiere la pieza, tanto en su volumen como en sus gruesos, para que la pieza reproducida corresponda realmente a las medidas proyectadas.

También hemos de tener en cuenta las "huídas" del modelo, pues tenemos que pensar sacarlo del caucho (como luego explicaremos) sin grandes dificultades.

Asimismo, hemos de tener en cuenta que todas las imperfecciones o deformaciones del modelo quedarán marcadas en todas y cada una de las reproducciones obtenidas por la técnica de fundición a la cera.

c) Formación del modelo original

Además de lo expuesto, hemos de tener en cuenta las siguientes indicaciones para la confección del modelo original:

- El modelo puede hacerse de cualquier metal, pero lógicamente debemos emplear metales fáciles de trabajar, como la plata o la alpaca.

- Cualquier pieza no sirve para modelo, debido a los inconvenientes que presenta para su fabricación por sus imperfecciones y por la necesidad de un excesivo repaso.

- Para que una pieza sirva de modelo en la fundición a la cera perdida, deberá estar configurada con simetría y orden;

 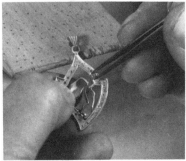 

Fig. 11.32. *Modelo de varias piezas.*

- Cuando el modelo original esté compuesto de varias piezas, (fig. 11.32) por las huídas o por no poder repasarlas después de fundidas, se dispondrán éstas haciéndolas encajar como si se tratase de un rompecabezas.

Nota:

Nunca será un buen modelista para la fundición a la cera perdida el artífice joyero que no tenga en cuenta estas normas.

---

d) Acabado del modelado original

Es importantísimo dar al modelo un acabado perfecto. Hay algunos tipos de acabado que son inservibles. Los indicamos a continuación:

- *Acabado de lima.* Si lo acabamos de lima, la textura de la lima se marcaría en todas las reproducciones. Por lo tanto, este acabado no sirve.

- *Acabado esmerilado.* Tampoco nos sirve, pues dejaría igualmente en las reproducciones su textura.

- *Pulido.* El pulido comería los cantos de la pieza, puesto que las ruedas pulidoras no respetan las aristas vivas; de este modo la pieza perdería calidad. Interesa ciertamente lograr superficies brillantes, superficies pulidas, pero sin deformaciones en sus cantos. Por consiguiente, no se debe pulir el modelo.

El acabado recomendable es el *acabado de lija.* Una vez que se termina de lijar la pieza, se vuelve a lijar de nuevo con una lija del 7-0 superfina, que le dará un semipulido sin alterar sus cantos.

Hay profesionales que, para evitar estas manos de lija, someten al modelo a un baño galvánico o baño de níquel. Ciertamente el níquel tiene la propiedad, utilizado en baño galvánico, de dar unas superficies de brillo a las piezas. Tiene, sin embargo, el inconveniente de que se deposita de forma irregular y no de forma milimétrica, por lo que engorda más en las puntas de la pieza que en las curvas. Por lo tanto, no es bueno este sistema.

El mejor sistema para el acabado del modelo es el acabado con lija del 7.0 superfina (fig. 11.33).

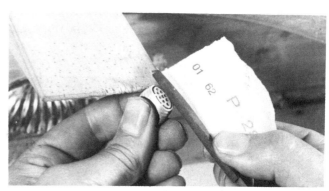

Fig. 11.33. *Modelo con acabado de lija.*

2. PROCEDIMIENTO DE FUNDICION A LA CERA PERDIDA

Preparado el modelo original, pasamos a realizar la fundición de los metales para la reproducción de la pieza proyectada. El procedimiento de fundición a la cera perdida y reproducción de la pieza requiere las siguientes operaciones:

- Preparación del molde de caucho.

- Vulcanizado.

- Abrir el molde de caucho.

- Programación del tiempo de vulcanización.

- Inyectar la cera en el molde de caucho.

- Extracción de la pieza reproducida en cera.

- Revisar y seleccionar las piezas.

- Preparación del vástago o tronco del árbol.

- Preparación del revestimiento para el cilindro.

- Tratamiento del revestimiento en la bomba de vacío.

- Utilización de la licuadora.

- Tratamiento térmico de los cilindros.

- Fundición de los metales para su inyección en el cilindro. Utilización de la centrífuga.

a) Preparación del molde de caucho

Hecho el modelo, preparamos el molde de caucho. Para ello necesitamos un marco de tamaño superior al de la pieza y de un espesor mayor. Procedemos de la siguiente manera:

- Programamos la vulcanización a 100°C.

- Colocamos la goma o cauchos encima de la vulcanizadora para que éstos se ablanden con el calor, haciendo así más fácil la incrustación del modelo en ellos, y de esta forma preservarlo mejor de ser dañado al hacer presión con las tapas de caucho sobre el modelo;

- Colocamos el modelo en el centro geométrico del marco y cubrimos el modelo con dos tapas de caucho a modo de sandwich; si la altura de la pieza lo requiere, vamos colocando más tapas a cada lado, dejando la pieza en el centro del marco (fig. 11.34).

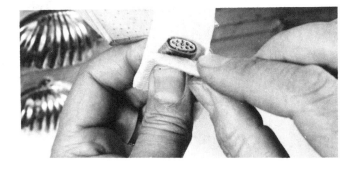

Fig. 11.34. *Molde recubierto con tapas de caucho.*

Tengamos en cuenta, además, estas observaciones complementarias en cuenta a la preparación del molde de caucho:

- Es aconsejable sacar el aire que haya quedado en el interior del caucho, sobre todo el que haya podido quedar en las dos capas de caucho que hacen contacto con el modelo. Para ello se suelen utilizar unas tijeras; pinchando saldrá el aire.

- Siempre tiene que recubrirse el molde con alguna capa demás de caucho. La última capa puede hacerse de recortes.

- En las boquillas o garras con huecos que no se pueden rellenar o compactar con la vulcanización, se introducirán, al preparar el molde, unos trocitos de caucho, para tapar estos huecos. En la vulcanización, estos trocitos quedarán todos hechos en bloque de caucho, lográndose así reproducir esas formas tan complicadas.

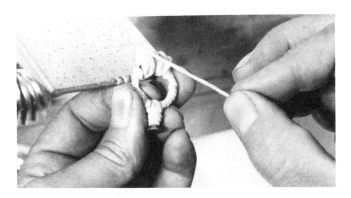

Fig. 11.35. *Modelo envuelto con tiras de caucho.*

- A veces tendremos que envolver la pieza con tiras de caucho, como si fuera una momia, colocando caucho en todos los agujeros y dejando totalmente cubierta la pieza (fig. 11.35).

b) Vulcanizado

El molde de caucho ha de ser vulcanizado, es decir, ha de ser sometido a un tratamiento especial de temperatura y presión en la vulcanizadora. El procedimiento de vulcanización es el siguiente:

- Introducimos el molde de caucho en la vulcanizadora a una temperatura de 100°C.

- A continuación, bajamos la prensa de la vulcanizadora hasta que haga una ligera presión sobre el marco.

- Después apretamos tres veces la manivela de la prensa, de dos en dos minutos: primero, apretamos un poco; luego, un poco más fuerte y, por fin, a los 6 minutos, a tope.

- Realizada esta operación, colocamos el marcador de temperatura a 150°C, que es la temperatura del vulcanizado, y programamos en el reloj de la vulcanizadora el tiempo de vulcanización, según las indicaciones que expondremos en el apartado siguiente.

- Cuando pase el tiempo programado en cuenta atrás, la máquina se parará. Entonces dejamos que la temperatura baje a 100°C, o sea, a la temperatura inicial.

- Aflojamos la manivela y sacamos el marco con una espátula.

- Ponemos el marco a enfriar en agua; enfriado, sacamos el caucho del marco. De esta forma tendremos fabricado el molde de caucho para la reproducción de la pieza.

c) Programación del tiempo de vulcanización

El *tiempo de vulcanización* es el tiempo durante el cual debemos mantener el caucho en la máquina de vulcanizado. Este tiempo depende de las capas de caucho puestas en el marco.

Hay tiempos mínimos y máximos: el tiempo mínimo es de 35 minutos y el tiempo máximo es de una hora y treinta minutos.

En todo caso, para hacer una programación ajustada del tiempo de vulcanización, se ha de tener en cuenta este criterio: cada capa de caucho de 3 mm de espesor equivale a siete minutos de tiempo. Por lo tanto, un marco que contenga seis capas necesitará 42 minutos de tiempo de vulcanización. Esta es la regla que se ha de aplicar siempre para calcular el tiempo de vulcanización (fig. 11.36).

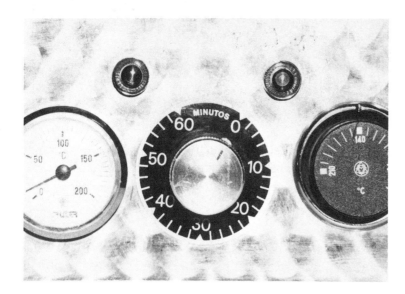

Fig. 11.36. *Reloj de la vulcanizadora.*

d) Abrir el molde de caucho

Una vez que tenemos fabricado el caucho que servirá de molde de una pieza, hemos de abrirlo para inyectar la cera. Para describir esta operación, proponemos, como muestra, el molde de caucho de un anillo y de un pendiente con cuadradillo.

Molde de caucho de un anillo

Hay dos formas de abrirlo, aplicables también a otras piezas.

Primer procedimiento

- Colocamos un tornillo pequeño de mano en la mesa de trabajo y en este tornillo sujetamos el caucho (fig. 11.37).

Fig. 11.37. *Colocación del tornillo para con él sujetar el caucho en la mesa de trabajo.*

170

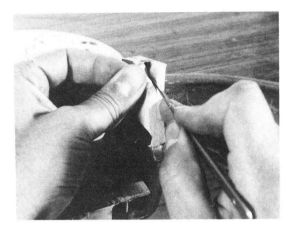

Fig. 11.38. *Montículo de ajuste en los laterales del caucho.*

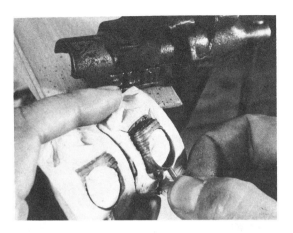

Fig. 11.39. *Caucho abierto con anillo en el interior.*

- A continuación comenzamos a cortar el caucho con el bisturí por el lateral del bebedero, haciendo en los ángulos del caucho un pequeño montículo de ajuste (fig. 11.38).

- Ajustándonos con el bisturí al canto del brazo del anillo, seguimos cortando el caucho por todo el contorno del anillo hasta llegar a su cabeza. En este punto cortamos el caucho procurando dejar en un lado del molde la cabeza y brazo del anillo vistos por su parte exterior; en el otro lado del molde, dejaremos la silueta del anillo visto por su parte interior (fig. 11.39).

Otro procedimiento para abrir el molde de caucho de un anillo

- Empezamos a abrir el caucho con la punta del bisturí y, al abrirlo, vamos haciendo en el canto del caucho una especie de dientes de sierra. Estos cortes en forma de dientes de sierra, debemos hacerlos cortando siempre hacia abajo, teniendo apoyado el molde sobre la mesa de trabajo. Los cortes se hacen en todo el contorno del caucho con una profundidad de 4 a 6 mm (fig. 11.40).

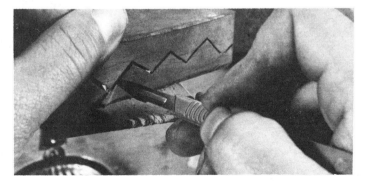

Fig. 11.40. *Dientes de sierra en el canto del caucho.*

171

- Hecha esta operación, continuamos cortando siguiendo con el corte el bebedero hasta llegar a la pieza. En un lado del molde debe quedar la silueta del anillo y en el otro, el núcleo del interior de su brazo, es decir, en un lado del molde quedará la parte externa del brazo y en el otro, la parte interna; en un lado quedará el positivo y en el otro, el negativo (fig. 11.41).

Fig. 11.41. *Caucho abierto con dientes de sierra.*

Molde de caucho de un pendiente con cuadradillo

Para abrir el molde de caucho de un pendiente con cuadradillo, se procede de la siguiente manera:

- Cortamos el caucho exactamente por el cuadradillo de forma que en una de las caras del caucho quede la parte externa del pendiente y en la otra parte del molde quede la silueta interior, es decir: en una tapa del molde queda la cara del pendiente; en la otra tapa del molde quedará la parte de atrás de esa cara (fig. 11.42).

Fig. 11.42. *Molde abierto de pendientes con cuadradillo.*

Nota:

Al dar los cortes con el bisturí, no debemos romper ningún trozo de caucho, puesto que el trozo que falte en el caucho saldría luego relleno de cera, al ser ésta inyectada en el molde. Por lo tanto, tendremos que cambiar de bisturí bastante a menudo, si queremos lograr unos moldes de calidad.

---

e) Inyectar la cera en el molde de caucho

La cera se inyecta en el molde de caucho para sacar reproducido el modelo original en piezas de cera. Utensilios necesarios para la inyección de la cera son la máquina inyectora y dos chapas metálicas que sirven para ajustar las 2 partes del molde de caucho. En cuanto al procedimiento para realizar esta operación, esto es lo que debemos hacer:

- Lograr una temperatura adecuada para la fusión de la cera.

- Conseguir una presión sufienciente para su inyección.

- Inyección de la cera y reproducción del modelo.

Temperatura adecuada

Se nos pueden platear dos casos: que no conozcamos el grado de temperatura a la que licúa la cera, o que el fabricante del producto nos indique este dato con precisión.

En el caso de *no conocer* la temperatura a la que licúa la cera, debemos comenzar a fundirla a una temperatura baja, de 70°C, y observamos lo que sucede en el inyector:

- Si la temperatura es muy baja, al apretar el inyector, éste estará hecho un bloque, lo cual nos da a entender que la cera está sin licuar.

- Subimos un poco la temperatura, por ejemplo a 75°C, y observamos a los pocos minutos si el inyector tiene movimiento. Si lo tiene, con un trozo de plancha presionamos el inyector horizontalmente y comprobaremos que sale la cera, cayendo al recipiente que tenemos debajo del inyector (fig. 11.43).

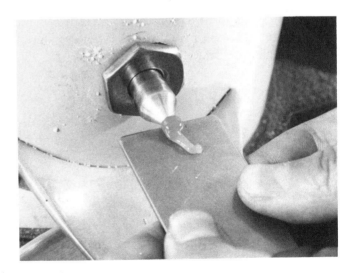

Fig. 11.43. *Presión horizontal de la chapa en el inyector.*

- Observamos durante cinto minutos a ver si se queda pegada una gota de cera al inyector. Si ocurre así, es que éste es el momento ideal de la fusión de la cera; pero si la gota de cera no se queda pegada al inyector y se cae, entonces es que tiene mucha temperatura. Por lo tanto tendríamos que bajar la temperatura hasta que la gota se quedase suspendida de la punta del inyector. Con esto nos acercaríamos con exactitud al punto ideal de fusión (fig. 11.44).

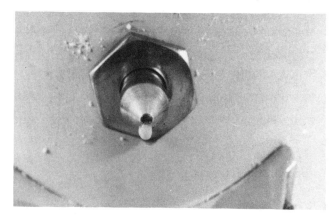

Fig. 11.44. *Inyector con gota de cera suspendida.*

Si el fabricante nos informa del grado al que licúa la cera fabricada por él (por ejemplo a 70°C), procederemos de la siguiente manera:

- Colocamos el termostato de temperatura del inyector a 70°C, y la máquina inyectora mantendrá la cera a esta temperatura en su depósito.

Esto, sin embargo, no sería suficiente para la inyección, puesto que la cera saldría como de un grifo sin presión y sin fuerza.

Además de la temperatura adecuada, necesitamos una presión suficiente para inyectar la cera.

Presión suficiente

La presión suficiente para inyectar la cera se logra introduciendo aire en el calderín a través de una bomba de presión (fig. 11.45).

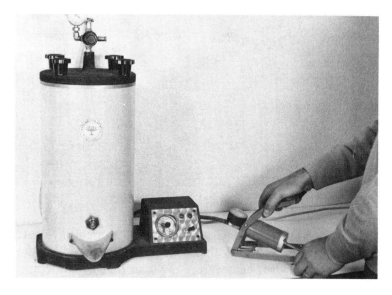

Fig. 11.45. *Inyección de aire en el calderín.*

Fig. 11.46. *Reloj regulador de presión.*

El reloj regulador de la presión nos indicará la presión que el aire ejerce en el interior del calderín; la medida de la presión va de 0 a ½, a 1, a 1 ½ y 2 Kg por cm^3 de aire (fig. 11.46).

La presión ideal para trabajar está en relación con el tipo de cera. Casi el 90% de las ceras están proyectadas para trabajar a una presión entre 0,20 y 0,80 Kgs. El punto medio de presión, con la que van a ser inyectadas el 75% de las ceras, es de 0,50% Kgs.

Inyección de la cera y reproducción del modelo

Para inyectar la cera, con la que se formarán las piezas en las que se reproduce el modelo original, seguimos este procedimiento:

- Utilizamos la máquina inyectora para introducir la cera en el molde de caucho. El inyector lleva un muelle en su interior, que ejerce presión hacia afuera y lo mantiene cerrado.

- Ponemos una chapa metálica en la parte superior del molde de caucho y otra en la inferior; con los dedos hacemos presión sobre las chapas, y sujetando todo el bloque (fig. 11.47) y empujando hacia dentro la válvula del inyector; el muelle se abrirá y se abrirá la válvula, dejando paso a la cera y rellenándose el molde de caucho.

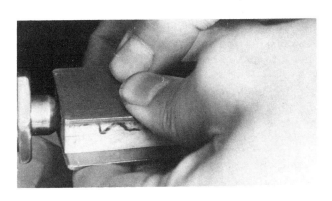

Fig. 11.47. *Forma de hacer presión sobre las chapas ajustadas al molde de caucho.*

- Mientras presionamos ligeramente sobre el molde de caucho y lo empujamos hacia dentro de la válvula del inyector, contamos hasta 3, y el molde quedará relleno de cera.

Nota:

La entrada del molde es cónica, igual que la del inyector. Si la presión ejercida sobre el molde de caucho hacia adelante fuera excesiva, su cono de entrada se abriría en forma de cuña y la cera se estropearía, ya que saldría por los laterales del cono de entrada. Por lo tanto, se debe apretar suavemente, y, cuando notemos una ligera resistencia, retiramos el molde de caucho.

- Rellenado de cera el molde, lo dejamos reposar cierto tiempo a un lado, para que la cera no se rompa al sacarla del caucho.

- Continuamos inyectando otro molde con el mismo procedimiento, y lo dejamos reposar.

Nota:

Es conveniente trabajar con tres o cuatro cauchos a la vez. Así, cuando inyectamos el último, en el primero estaría la cera dura, y podríamos abrirlo para sacar la pieza reproducida.

Puede ocurrir en algún caso que el molde de la pieza que se va a reproducir, correspondiente al modelo original, haya quedado muy fino, con espacios muy estrechos (debido principalmente al propósito de abaratar el costo del producto), de modo que la cera, inyectada a 70°C y 0,5 Kgs de presión, no penetra totalmente en el molde y quedan sin reproducir algunas partes del modelo en la pieza de cera. Para resolver esta dificultad, procedemos de la siguiente manera:

- *Lo primero que hacemos, es subir la presión.*

- *Subida la presión, por ejemplo a 0,6 ó 0,75, es posible que el modelo salga completamente reproducido en la pieza de cera o, al menos un poco más que antes.*

- *Si aún no ha acabado de salir reproducido completamente, subimos la presión progresivamente hasta lograr una reproducción completa.*

Sobrepasado el Kg de presión, seguramente se conseguirá sacar totalmente reproducido el modelo en la pieza de cera, pero es posible que la pieza salga con poros. Esto es debido a que se está por encima del límite posible de trabajar bien con este molde. Además se nos plantea otro problema.

Con una presión de más de 1 Kg, al inyectar la cera aumentan los grosores de la pieza, de modo que ya no trabajamos según los gruesos programados y la pieza saldrá mucho más pesada de lo previsto; en consecuencia, también más cara de lo calculado.

Estos problemas se evitan, si de entrada realizamos un molde bien hecho. En conclusión: si comprobamos que un molde necesita más de 1 Kg de presión y que la pieza no reproduce completamente el modelo, habrá que revisar y rectificar el molde, pues de lo contrario tendremos una cadena de complicaciones. Hemos de tener siempre en cuenta que todas las ceras han de ser inyectadas entre 0,20 a 1 Kg de presión. A partir de esta presión, habrá problemas.

Peso de las diferentes piezas y presión a la que hay que inyectarlas		
a) Pesos:		
• pieza gruesa	16 grs	
• pieza mediana	8 grs	
• pieza fina	3 grs	
• pieza muy fina	1 gr	
b) Presión:		
• pieza gruesa	0,2 a 0,4 Kg	
• piezas medianas	0,4 a 0,6 Kg	
• piezas finas	0,6 a 0,8 Kg	
• piezas muy finas	0,8 a 1 Kg	
Estos pesos y presiones son meramente orientativos.		

f) Extracción de la pieza reproducida en cera

Para extraer la pieza reproducida, hay que abrir el molde de caucho. Para realizar esta operación, seguimos este procedimiento:

- Colocamos el molde de caucho sobre la mesa de trabajo y levantamos suavemente su tapa (fig. 11.48). La cera se queda en la parte interna del molde.

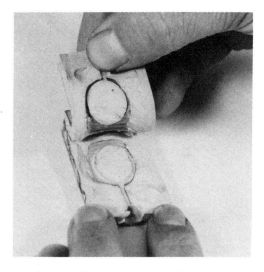

Fig. 11.48. *Tapa del molde de caucho levantada.*

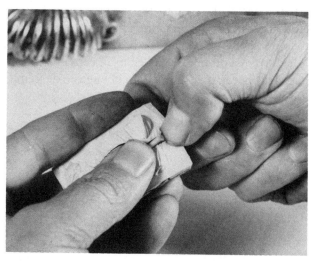

Fig. 11.49. *Corte del bebedero.*

- Levantada la tapa, se corta con la uña el bebedero a la altura donde termina el cono del molde, puesto que éste ha estado en contacto directo con el inyector. Dado que el inyector tiene una temperatura mucho más alta que la cera, esta parte del bebedero está totalmente pegada al molde de caucho, de tal manera que, si intentáramos despegar la pieza, siempre se quedaría ésta sujeta por ese punto. Para evitarlo, se ha de cortar el bebedero a la altura indicada (fig. 11.49).

Fig. 11.50. *Forma de extraer del molde la pieza de cera.*

- Para sacar del molde de caucho la pieza de cera, vamos doblando con tres dedos esta parte del caucho y al mismo tiempo vamos tirando de la pieza con la otra mano (fig. 11.50). Si no reflexionáramos el caucho y tiráramos de la pieza, ésta se nos quedaría pegada.

Las dos operaciones anteriores deben hacerse a la vez para que nos resulte más fácil la extracción de la pieza de cera.

g) Revisar y seleccionar las piezas reproducidas en cera

Sacadas de los moldes las piezas de cera, tendremos 100 ó 200 anillos, pendientes o broches diferentes. Nos encontraremos, pues, con una gran cantidad de ceras inyectadas de diversa calidad, que debemos revisar y seleccionar antes de pasar a su reproducción en metal.

Este control de calidad es obligado, puesto que en el proceso de inyección pueden haber salido las ceras con alguna rebaba o con alguna pata rota o haber quedado incompleta la reproducción del modelo original. Si comprobamos algunos de estos defectos, desechamos la pieza defectuosa y volvemos a inyectar la cera en el molde de caucho. Si las piezas de cera tuvieran ciegas las bocas que sirven para el engaste de gemas, se abre de bocas con la fresa (fig. 11.51).

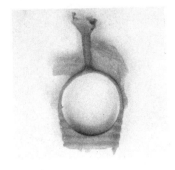

Fig. 11.51..

Cera con rebaba. *Cera con boca ciega.*

Nos interesa hacer bien este control de calidad, ya que el trabajo de corrección de defectos realizado en la cera será siempre mucho más sencillo que el que se pueda hacer después en el repaso del metal.

En relación con la calidad de las piezas, hay que prestar especial atención a los poros y a las contracciones de la cera, causa frecuente del bajo nivel de calidad de algunas piezas de joyería.

Los poros

El mayor enemigo del fundidor de la cera son los poros. La formación de poros en las ceras inyectadas es un fenómeno similar al de las burbujas que se forman en el agua hirviendo.

En el proceso de cocción del agua, se forman burbujas de aire, que se adhieren primero al fondo del recipiente; luego, a medida que aumenta la temperatura, estas burbujas de aire van subiendo a la superficie. Durante la ebullición, se forma un borboteo constante con burbujas de aire que ascienden desde el interior del agua a la superficie.

Un fenómeno similar ocurre a veces con la cera en el proceso de su fundición, se forman burbujas de aire en la cera, que van a originar los poros (fig. 11.52).

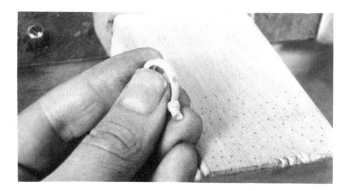

Fig. 11.52. *Cera con burbujas.*

Esto sucede cuando no se respeta el grado de temperatura indicado por el fabricante de a la cera para su fusión; por ejemplo, el fabricante indica que la cera fabricada por él tiene su punto de fusión a los 70º C, pero subimos la temperatura a 75ºC para lograr una cera más líquida, de modo que sea inyectada en el molde con mayor facilidad. Entonces, en el calderín del inyector, se formarán burbujas de aire, que pasarán con la cera al molde, al ser inyectada. Si miramos la cera, aparentemente estará perfecta, pero mirada al trasluz, descubriremos unas burbujitas de aire en el interior de la cera.

Las piezas de cera, colocadas en el cilindro rellenado de revestimiento o escayola refractaria, se introducirán —según se explicará más adelante— en la bomba de vacío. Al ser sometidas a este tratamiento, las burbujas de aire se despegarán de las ceras por la fuerza del vacío y dejarán en ellas unos espacios huecos; estos espacios serán recubiertos por partículas de revestimiento.

Luego el cilindro, como se explicará más adelante, se introducirá en el horno; se fundirá toda la cera, pero quedarán unas caprichosas bolas de escayola en los espacios dejados por las burbujas. Al inyectar el metal, éste recubrirá todo el molde menos las bolas de revestimiento. Estos son los poros de la cera, que se reproducirán en las piezas de metal. Escarbando un poco en su repaso posterior, saldrán a la vista (fig. 11.53).

Fig. 11.53. *Pieza de metal con poros.*

Las contracciones

Otro feñómeno que sucede al inyectar la cera es el de las contracciones de la misma. Toda masa, cuando se calienta, se dilata, y se contrae cuando se enfría. A mayor temperatura, mayores contracciones; cuanto menor sea la temperatura, habrá menos contracciones.

Esto se verifica también con la cera; si trabajamos con una cera a 80°C, la pieza se contraerá más que la trabajada a 70°C. A mayores contracciones, más deformaciones y posibles alteraciones de las medidas de las piezas, si este efecto no hubiera sido previsto.

Por lo tanto, es importantísimo seguir las indicaciones del fabricante de la cera. Es imprescindible trabajar con las ceras a su debida temperatura, para que salgan sin ser alteradas por excesivas contracciones.

h) Preparación del vástago o tronco de árbol

Tenemos ya reproducido el modelo original en piezas de cera. Pasamos ahora a descubrir la segunda fase del proceso de fundición a la cera perdida: la reproducción del modelo original en piezas de metal. Esta fase comprende distintas operaciones: la primera es la preparación del vástago o tronco de árbol, en el que se sujetarán las piezas de cera para meterlas en el horno.

El tronco del árbol

Este tronco es de cera debe tener 12 mm de grueso o diámetro, y su longitud corresponderá a la altura del cilindro en el que ha de ser introducido (fig. 11.54).

Fig. 11.54. *Troncos de árbol.*

Hay varias formas de fabricar este vástago de cera:

- Se hace un molde de caucho con esta forma de tronco, con la longitud y diámetro adecuado, y se le inyecta la cera hasta rellenarlo. La cera se inyecta a una temperatura muy baja, entre 0,2° y 0,4°C.

- Otra forma es hacer el molde con un cilindro, procediendo luego de la misma manera.

- También se puede hacer con una goma del camping-gas. Cortamos la goma en forma rizada y con el largo necesario (fig. 11.55). Cortada la goma se enrolla en un papel para

Fig. 11.55. *Goma de gas cortada con forma rizada.*

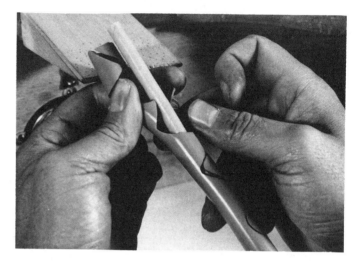

Fig. 11.56. *Vástago al sacarle de la goma.*

mantenerla rígida y para que no se escape la cera por el corte, al inyectarla. Se inyecta a la temperatura antes indicada.

Se despegan los moldes y el vástago de cera quedará con su grueso y altura (fig. 11.56).

Montaje del árbol

Para montar el árbol, seguimos este procedimiento:

* Colocamos el tronco en la tapa de goma, en el agujero de la macerota (fig. 11.57).

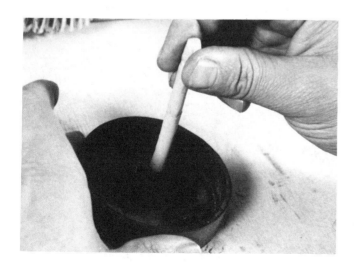

Fig. 11.57. *Vástago colocado en la goma.*

181

- Con el soldador eléctrico, lo soldamos a este agujero. Téngase en cuenta que la goma de la tapa se ha de pesar antes de soldar el vástago.

- A continuación procedemos a soldar las piezas de cera en el tronco, colocándolas en grupos ordenados por tamaños: gruesas, medianas, finas, muy finas, de abajo hacia arriba. Las gruesas, abajo; las medianas, en el centro; las finas y muy finas, arriba (fig. 11.58).

Fig. 11.58. *Piezas de cera soldadas en el tronco por orden de tamaño.*

Nota:

Este orden en la colocación de las piezas tiene su justificación técnica; y es que, en la posición de llenado del cilindro, la centrífuga proyecta el metal a una gran velocidad al interior de este cilindro; el metal choca con el fondo del cilindro, que se va llenando de atrás hacia adelante hasta la macerota.

Por eso las piezas finas deben situarse en la parte de arriba del cilindro, ya que necesitan más presión para su llenado, mientras que las gruesas necesitan menos presión, y se colocan en la parte de abajo.

- Para soldar las piezas de cera en el vástago o tronco, utilizamos el soldador de cera; lo calentamos y hacemos después un orificio en el vástago; colocamos la pieza de cera en este orificio por la parte del bebedero (fig. 11.59).

Fig. 11.59. *Orificio en el vástago.*

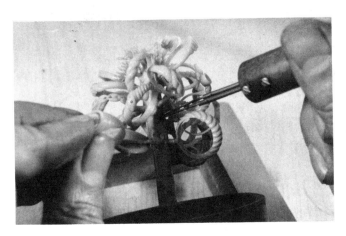

Fig. 11.60. *Colocación de las ceras en el vástago.*

- Hecho esto, repasamos este punto con el soldador hasta que queden soldadas todas las piezas de cera alrededor del tronco, con una inclinación de 45° hacia arriba hasta formar el árbol (fig. 11.60).

Nota:

- *Las ceras pueden estar entre sí todo lo juntas que se quiera, siempre que no se toquen.*
- *La tapa de goma con el árbol montado se ha de colocar en el cilindro. Entre la parte superior del cilindro y la pieza de cera más alta soldada al tronco del árbol debe haber una distancia de 15 mm.*
- *Entre las piezas de cera y la pared interior del cilindro habrá, como mínimo, una distancia de 1 mm. Estos son pues los márgenes de recubrimiento del árbol en el cilindro: 15 mm en la parte superior del cilindro y 1 mm entre las piezas de cera y la pared interior del cilindro.*
- *Estos grosores del revestimiento que hay que mantener en el cilindro, tienen que ser así, porque al inyectar el metal fundido, se produce un choque térmico en el interior del cilindro; es un choque muy fuerte de X cantidad de Kg. Si el revestimiento de la base no tuviera un espesor de 15 mm, el metal fundido la rompería, inutilizando el cilindro como molde. Sus paredes, en cambio, no necesitan tanto espesor de revestimiento, puesto que al milímetro de revestimiento hay que añadir el grueso del acero refractario del cilindro.*

Montado el árbol, hemos de precisar, antes del revestimiento, qué cantidad de metal necesitamos para la fundición, inyección en el molde y reproducción de la pieza. La proporción de metal está en relación con el peso de las piezas de cera y el peso específico del metal a fundir. Para determinar la cantidad exacta de metal necesario, seguimos este procedimiento:

- Montado el árbol en la tapa de goma, hacemos una nueva pesada de todo el árbol.
- A este peso se le restará el peso de la goma, obteniendo así el peso de las piezas de cera.
- Este peso de las ceras se multiplica por el peso específico del metal que se va a fundir.

Tabla de equivalencia	
— Para un gramo de cera	19,30 grs de oro de 24 kts.
— Para un gramo de cera......................	16 grs de oro de 18 kts.
— Para un gramo de cera......................	10,5 grs de plata de 925 milésimas.
— Para un gramo de cera......................	8,45 grs de cobre.

Por ejemplo: si las piezas de cera pesan 95 grs, y las queremos reproducir en cobre, multiplicaremos 95 x 8,45.

- Al peso que resulte de multiplicar el peso de las ceras por el peso específico del metal correspondiente, le tenemos que añadir el peso específico de la macerota: 35 grs, si es de plata, y 25 grs, si es de oro.

- Calculado el metal necesario, volvemos a colocar el cilindro-molde en la tapa de goma con el árbol dentro. Así queda el cilindro preparado para el revestido.

i) Preparación del revestimiento para el árbol

Una vez que tenemos montado el árbol en el cilindro, necesitamos transformarlo en un molde para la reproducción del modelo original en piezas de metal. Para conseguir esto, se utiliza el revestimiento en forma líquida, de modo que se puede vaciar en el cilindro hasta su borde. Este material se hará solido, muy compacto y duro (a modo de cemento), y cubrirá todas las piezas de cera en el cilindro.

Para lograr todo esto, las proporciones de agua y polvo de cuarzo (revestimiento) tienen que ser de una gran exactitud. En general, los fabricantes indican estas proporciones en los envases que contienen el revestimiento. Como muestra, supongamos que vamos a utilizar un revestimiento compuesto de un 39 % de agua y 100 de polvo. He aquí las indicaciones que hemos de seguir para su preparación:

- La temperatura del agua tiene que estar entre 15°C y 22°C.

- En el cilindro, que tendrá colocada su tapa de goma, introducimos una regla, que nos indicará su altura.

- Calentada el agua a la temperatura debida, la vaciamos en el cilindro hasta la mitad de su altura y añadimos 10 mm más, que nos servirán de reserva para posibles pérdidas de agua. Este agua del cilindro, la pasamos a la probeta para medirla en cm³ de agua que necesitamos para el revestimiento de un cilindro X, de una altura y de un diámetro determinados.

Ahora tenemos que calcular la cantidad de polvo de revestimiento que necesitamos para este cilindro. Seguiremos la tabla propuesta a continuación. La medición del agua en el cilindro se hace con la regla en el interior de éste.

TABLA PARA CALCULAR EL POLVO DEL REVESTIMIENTO

Aplicamos estas fórmulas:

1) Agua que hemos de echar en el cilindro

   50% de la altura del cilindro + 10 mm

2) El agua del cilindro X se pasa a una probeta para su medición en cm^3:

   cm^3 de agua necesarios = X (es decir, el agua que había en el cilindro).

3) Para calcular el polvo del revestimiento.

   Los cm^3 de agua necesarios, correspondientes al cilindro X, se multiplican por 100 y se divide el resultado por 39, que es la proporción de agua y polvo indicada por el fabricante. En fórmula:

   $$\frac{X \times 100}{39} = \text{proporción de polvo del revestimiento.}$$

   Si la medida de agua para un cilindro X es de 400 cm^3, multiplicaremos esta cantidad por 100; divido el resultado nos da 1.025 grs de polvo de revestimiento. En fórmula

   $$\frac{400\ cm^3 \times 100}{39} = 1.025 \text{ de revestimiento.}$$

EJEMPLOS:

	AGUA	REVESTIMIENTO
Cilindro de 130 de altura y 90 de diámetro	375 cm^3	926 grs.
Cilindro de 130 x 80	322 cm^3	826 grs.

La proporción que se tiene en cuenta es la de 39% de agua y 100 de polvo.

Calculada la proporción de agua y polvo y pesado el revestimiento, vaciamos el agua en el cubo de batido y luego, la escayola. A continuación pasamos a hacer la mezcla con la paleta de batir. Esta operación se puede hacer también con una batidora eléctrica (fig. 11.61).

Fig. 11.61. *Batido del agua y la escayola.*

185

j) Tratamiento del revestimiento en la bomba de vacío

En este proceso distinguimos dos operaciones específicas:

- Vacío del revestimiento en el cubo de batido.
- Vacío del revestimiento en el cilindro.

Terminado de hacer el vacío, realizamos otras operaciones con el revestimiento, que también describiremos.

Vacío del revestimiento en el cubo de batido

Hecha la mezcla de agua y escayola perfectamente, es decir, sin grumos, colocamos el cubo con el revestimiento batido en la campana de vacío, tapamos con la tapa y damos al pulsador de la puesta en marcha (fig. 11.62).

Fig. 11.62. *Cubo con el revestimiento, colocado en la campana de vacío.*

Fig. 11.63. *Indicador de vibraciones al 75%.*

La bomba empieza a trabajar; colocamos el mando indicador de las vibraciones a un 75% de sus posibilidades. Esta operación tiene que durar tres minutos (fig. 11.63).

Transcurridos los tres minutos, damos al pulsador de paro; el vacuómetro nos indicará que hay una descompresión y la bomba de vacío vuelve a llenarse de aire. En este momento, sin pérdida de tiempo, sacamos el cubo del interior de la campana y pasamos el revestimiento del cubo al cilindro.

Vacío del revestimiento en el cilindro

El procedimiento para realizar esta operación de vacío es el siguiente:

- Al ir a hacer el trasvase indicado del revestimiento, hemos de tener ya preparado el cilindro. Para ello, colocamos enrollada una hoja de papel en el contorno del cilindro (fig. 11.64), de modo que sobresalga unos milímetros de altura, y la sujetamos con una goma; así todo el sobrante del revestimiento vaciado quedará contenido en esta altura supletoria, que nos servirá de reserva para no quedarnos faltos de revestimiento.

Fig. 11.64. *Papel colocado en el cilindro.*

- Tendremos cuidado, al echar el revestimiento en el cilindro, de que no se caiga ninguna cera del árbol; haremos pasar el chorro de revestimiento a un lado de las ceras. El cilindro deberá quedar totalmente cubierto hasta la base y deberá sobrar un poco de revestimiento.

- Rellenado el cilindro de revestimiento, lo colocamos en la campana; tapamos con la tapa de la máquina y hacemos el vacío, poniendo el indicador de vibraciones a un 25% de su capacidad.

Nota:

Antes, en el cubo, se hizo un vacío a un 75%, porque en el cubo no había piezas de cera y no se corría el riesgo de que las vibraciones las rompieran en el cilindro; en cambio, se hace el vacío a un 25%, porque contiene las piezas de cera, y se correría el riesgo de que las piezas cayeran del árbol, si las vibraciones fueran muy fuertes.

- El tiempo del vacío del cilindro es de dos minutos. Pasado este tiempo, paramos la máquina y, quitando la tapa y la campana, dejamos el cilindro encima de la bandeja vibradora; ponemos el vibrador en marcha a un 25% de su capacidad durante un minuto (fig. 11.65).

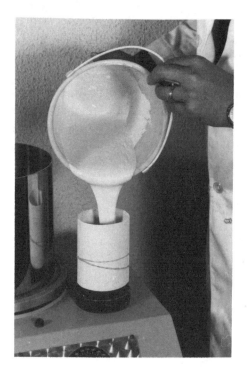

Fig. 11.65. *Cilindro encima de la bandeja vibradora.*

Otras operaciones con el revestimiento

- Transcurrido este minuto, pasamos el dedo por encima del revestimiento para comprobar si se ha soltado del árbol alguna pieza de cera, que haya ido a depositarse al fondo del cilindro. Si así fuera, se retirará esta pieza con unas pinzas, ya que necesitamos mantener los 15 mm de revestimiento en el fondo del cilindro. En la inyección del metal fundido, éste choca con el fondo y el cilindro se va llenando de atrás hacia adelante; si la cera desprendida se hubiera depositado caprichosamente en la base del cilindro, el metal fundido rompería el poco grueso de revestimiento y se saldría por este hueco. Quitada la pieza caída, el revestimiento recubrirá su espacio y se mantendrá la capa de 15 mm de espesor.

- Hecha esta revisión, dejamos reposar el cilindro encima de la mesa; si a los 15 minutos el revestimiento no nos ha fraguado, debemos estar atentos a ver si fragua a los 17 minutos. Si no es así, lo dejamos hasta los 20 minutos. Si en este tiempo no ha fraguado, es que este revestimiento no es válido. Habrá habido algún error en su preparación: en la medición del agua, en el peso del revestimiento o en la temperatura del agua, etc. Por lo tanto correríamos un riesgo grande, si pretendiéramos seguir con la operación siguiente. Lo aconsejables es intentar recuperar las ceras al chorro de agua, para volver a hacer de nuevo el proceso de revestimiento.

- Si el proceso ha sido correcto, a los 30 minutos de reposo, le quitamos al cilindro la goma y el papel. Con un cuchillo dejamos totalmente plana la base por la que sobresale el papel, ajustándonos al borde del cilindro; por el otro lado donde se encuentra la tapa de goma, aflojamos esta tapa, tiramos de ella y la quitamos del cilindro. En la superficie el revestimiento anotamos el nº de la tapa, número que también tenemos anotado en un papel (fig. 11.66).

Fig. 11.66. *Tapa con su número.*

De esta forma, aunque mezclemos este cilindro con otros, sabremos el metal que necesitamos para llenarlo, puesto que, al realizar las pesadas, apuntamos en un papel el nº del cilindro y el metal correspondiente. Por eso es importante anotar este número en la base del cilindro para no cometer errores en el revestimiento que dará la forma de la macerota negativa.

- A continuación dejamos el cilindro dos horas en reposo, sin hacer nada con él. Pasadas cuatro horas más, se deberá proceder al tratamiento térmico. Si a las seis horas no se ha comenzado el tratamiento térmico del cilindro, el cilindro empezará a deshidratarse, es decir, a perder agua, y nos podría dar problemas. Así que pasado el tiempo límite de seis horas, para evitar complicaciones, colocaríamos el cilindro en un recipiente-soporte con 2 cm³ de agua para que el revestimiento lo absorbiera, humedeciéndose. Pero lo ideal es proceder dentro del tiempo límite (fig. 11.67).

Fig. 11.67. *Cilindros sobre recipientes de agua.*

Pasadas las dos horas de reposo, antes de proceder al tratamiento térmico y dentro del tiempo límite, hemos de hacer licuar las piezas de cera mediante la máquina licuadora.

k) Utilización de la licuadora

Una vez que se ha hecho el recubrimiento del árbol de cera, su función ha terminado; ésta era dar figura al revestimiento y después desaparecer para dejar en su lugar formada la figura de las piezas reproducidas del modelo original, que ahora se van a reproducir en piezas de metal.

Las ceras y los olores que producen éstas al ser quemadas se eliminan mediante la máquina licuadora, antes de introducir el cilindro en el horno para su tratamiento térmico. La razón técnica es bien sencilla: el horno es una máquina demasiado poderosa para meter en ella los cilindros con las ceras, ya que trabaja a temperaturas muy altas, que no podemos estabilizar en una media de 100°C a 120°C. (Supongamos que introducimos en el horno un cilindro con sus ceras correspondientes; cuando el horno empiece a calentarse, se formarán en el lugar de las ceras unas presiones debidas a la alta temperatura, que picarían la superficie del revestido, echando a perder el cilindro).

Por esto es necesario dar un tratamiento previo al cilindro con unas temperaturas bajas, entre 100° y 120°C, para obtener un licuado suave de las ceras, de modo que se eliminen y salgan por el bebedero central.

Para lograr esto, utilizamos la licuadora, siguiendo este procedimiento:

- Vaciamos en el interior de la licuadora 5 litros de agua y encendemos el gas;

- Colocamos los cilindros en la licuadora con el agujero de la macerota hacia abajo y tapamos la licuadora con su tapa y el barómetro de la tapa nos indicará la temperatura del agua (fig. 11.68)

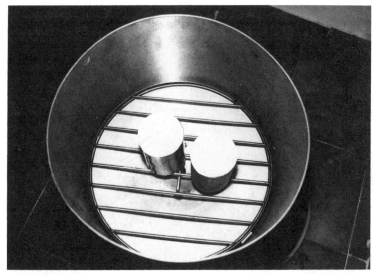

Fig. 11.68. *Cilindro colocado en la licuadora.*

El proceso de licuación se desarrolla de la siguiente manera.

- En el interior de la licuadora, la temperatura del vapor de agua alcanza 120°C y hace licuar la cera en el interior del cilindro;

- La cera sale derretida por el agujero de la macerota.

- Esta cera cae por el agujero en forma de embudo que tiene la bandeja, y sale al exterior, con el vapor de agua, por este tubo. Por esto se debe tener esta máquina cerca de alguna salida de humos (fig. 11.69).

Fig. 11.69. *Salida de la cera al exterior.*

Fig. 11.70. *Cilindro sin cera.*

Nota:

La licuadora elimina las ceras del interior del cilindro entre un 75% a un 80%. Como el revestimiento es poroso, la cera se adhiere por las calorías a las paredes del revestido. Al pasar el cilindro en el horno a altas temperaturas, la cera adherida al revestimiento, al estar en estado sólido, pasa al estado gaseoso, formándose carbón. Este carbón oscurece el interior del molde, que tiene que estar limpio de cualquier impureza para servir de molde. Esta total limpieza del molde se logra en el horno, pues la cera adherida, al llegar a 750°C, vuela, desaparece, se volatiza, quedando el revestimiento completamente limpio y blanco (fig. 11.70)

Si no hiciéramos este tratamiento térmico del cilindro-molde, cuando inyectáramos el metal fundido en su interior, los gases no permitirían el llenado de todo el molde, y las piezas de metal saldrían defectuosas.

Alguien podría extrañarse de que la cera no quede totalmente eliminada en la licuadora, que trabaja a una temperatura entre 100°C y 120°C, mientras que la cera, según indicación del fabricante, se hace líquida a los 60 ó 70°C. Sucede así, porque el punto de fusión indicado por el fabricante no sirve nada más que para la licuación de la cera, necesaria para su inyección en el molde de caucho, no para eliminar todos los restos de cera en el revestimiento. La licuadora solamente elimina entre un 75% a un 80% de la cera. El resto queda eliminado en el horno.

I) Tratamiento térmico de los cilindros

Pasados los cilindros por la licuadora, procedemos a hacer su tratamiento térmico, metiéndose en el horno. Pero antes, hemos de comprobar cómo funciona el horno.

Comprobación del horno

Para comprobar cómo funciona el horno, lo programamos, sin meter ningún cilindro en su interior, al 50% de sus posibilidades (fig. 11.71).

Fig. 11.71. *Horno programado al 50%.*

A continuación observamos la temperatura que va alcanzando el horno por cada hora que pasa. Hacemos luego el gráfico de tiempos y temperaturas, que equivaldrá al que aquí presentamos:

HORAS	TEMPERATURAS
1	125°C
2	200°C
3	350°C
4	500°C
5	600°C
6	725°C
7	750°C

Lo que nos interesa es el tiempo que el horno ha tardado en elcanzar los 750°C de temperatura, que el nivel indicado por los fabricantes de la cera y del revestimiento, para que queden eliminadas todas las impurezas del interior del cilindro.

Hecha esta comprobación, hacemos lo mismo, pero a la inversa: bajamos el horno de temperatura y observamos cómo va descendiendo la temperatura. Para ello, lo desconectamos.

Tratamiento térmico

Una vez que conocemos cómo trabaja el horno a la mitad de su potencia, pasamos a hacer el tratamiento térmico de los cilindros. Lo que tenemos que hacer es lo siguiente:

- Con unos guantes de amianto sacamos de la licuadora los cilindros y los metemos en el horno.

- Si tenemos más de un cilindro, se hace un dibujo en el que se marque la posición de los cilindros en el horno, anotando el nº de cada cilindro en el dibujo para conocer el metal que hemos de emplear en cada uno de ellos. El metal se pesa para cada cilindro y cada uno lleva anotado su peso correspondiente (fig. 11.72).

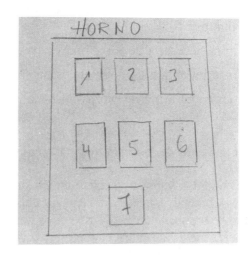

Fig. 11.72. *Dibujo de la posición de los cilindros en el horno.*

El tratamiento térmico tiene dos puntos críticos:

- Los 300ºC, que no se deben sobrepasar en las dos primeras horas de funcionamiento del horno.

- Los 750ºC, que el horno debe alcanzar al cabo de las 7 horas, trabajando al 50% de su capacidad. Si lo hiciéramos trabajar a tope, el horno alcanzaría esta temperatura en menos tiempo, 3 ó 4 horas. No pasaría nada, pero lo ideal es que alcance los 750ºC entre las 5 ó 6 y horas.

Una vez que el horno ha llegado a 750ºC tiene que mantener esta temperatura durante dos horas, como mínimo. Para conseguirlo, colocaremos el programador del horno a 750ºC; cuando haya alcanzado esta temperatura, se mantendrá constante.

Si sumamos los tiempos: 2 horas de comienzo, unas 4 horas para alcanzar los 750ºC, y 2 horas manteniéndola, tendremos un total de 8 horas de funcionamiento. Este es el ciclo normal, pero es variable por las necesidades del cilindro y capacidad del horno. A veces, por el número de cilindros, es aconsejable hacer ciclos de 10 ó 12 horas.

En todo caso, el tamaño del cilindro no influye para nada; lo que influye es la capacidad del horno.

Nota:

Recordamos que este tratamiento térmico de los cilindros tiene por objetivo lograr su limpieza total de los residuos de cera que hayan podido quedar después de haber pasado por la licuadora.

---

m) Fundición de los metales para su inyección en el cilindro. Utilización de la centrífuga.

El proceso de fundición a la cera perdida concluye, una vez que tenemos ya el molde completamente limpio, con la fundición de los metales preciosos y su inyección en los cilindros para reproducir en piezas de metal las reproducciones de cera del modelo original.

La exposición que haremos a continuación sobre esta fase final del proceso, se centrará en los siguientes puntos:

a) Temperatura necesaria de los cilindros para inyectar en ellos los metales fundidos.

b) Fundición e inyección de los metales mediante la centrífuga.

c) Recuperación del árbol de piezas de metal.

Temperatura necesaria de los cilindros para vaciar en ellos los metales fundidos

Los metales fundidos van a inyectarse en los cilindros. Es necesario que, en el momento de la inyección del metal, los cilindros estén a una temperatura parecida a la del metal fundido, para que no se produzca un rechazo. Todos hemos observado lo que sucede cuando introducimos cualquier metal incandescente en un recipiente con agua: se produce un rechazo del metal, que se enfría rapidamente.

Algo parecido ocurriría en la inyección del metal en los cilindros, si no logramos mantenerlos a una temperatura parecida a la del metal fundido. Teóricamente, la temperatura ideal para vaciar sería que el cilindro estuviera a temperatura ambiente, pero de hecho no nos sirve, pues sería muy probable que no saliera reproducida ninguna pieza. Tampoco nos sirve la temperatura de 750°C, a la que el cilindro ha estado sometido en su tratamiento térmico, pues es excesiva para el vaciado.

Basados en la experiencia, proponemos esta tabla de temperaturas apropiadas para el vaciado en los cilindros, según el distinto tipo de piezas que se van a reproducir:

— Piezas muy finas	700° C
— Piezas finas	675° C
— Piezas medianas	650° C
— Piezas gruesas	600° C
— Piezas muy gruesas	400° C

Estos son datos orientativos, que corresponden al oro fundido de 18 kts. Si fuera plata, habría que rebajar 100°C; si se tratara de oro blanco apaladiado, habría que subir a 100°C.

Dado que sabemos los grados que baja el horno en cada hora, para que los cilindros adquieran la temperatura correspondiente, los colocamos en el horno por orden; los que necesitan más temperatura se colocarán más hacia fuera, y los de menos temperatura, más dentro. Así, mientras se van calentando unos, quedan preparados los otros de menor temperatura.

Hemos de tener en cuenta que, adquirida su debida temperatura, deberemos sacar los cilindros del horno y colocarlos en la centrífuga; en este intervalo de tiempo hay una pérdida de calorías. Para que este intervalo sea lo más breve posible, antes de sacar los cilindros del horno, tendremos ya el metal fundido, para luego inyectarlo en el molde del cilindro. Esta operación es la que se realiza en la centrífuga.

Fundición e inyección de los metales

Para la fundición de los metales en el crisol de la centrífuga, procedemos de la siguiente manera:

- Colocamos un crisol en la centrífuga, lo "curamos" (según se explicó al tratar de las herramientas) y vaciamos en él el metal, previamente pesado para el cilindro que vamos a inyectar.

- Aflojamos el tornillo que la centrífuga lleva en su parte superior, y quedará la barra niveladora como una báscula.

- Nivelamos esta barra con el crisol y el metal y fijamos la pesa de contrapeso (fig. 11.73).

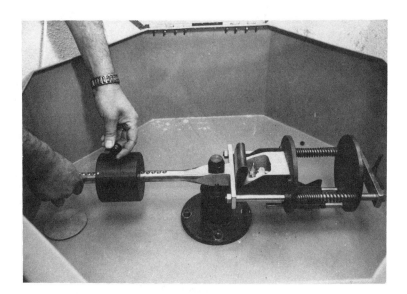

Fig. 11.73. *Barra nivelada con crisol.*

- Pasamos a fundir el metal con el soplete, según el procedimiento de fundición ya explicado.

- Una vez que el metal está totalmente líquido, sacamos el cilindro del horno y lo colocamos con la tenaza y sin pérdida de tiempo, en el soporte de la centrífuga (fig. 11.74).

- Entretanto mantendremos el metal líquido en el crisol y calentamos la boca de vaciado del cilindro.

- Para evitar en parte la oxidación del metal fundido en el preciso momento de la inyección del metal en el cilindro, se cierra con suavidad la llave del aire del soplete, mientras que se sirve aplicando la llama de gas al metal. Así se evitará en parte que el oxígeno penetre en el metal en el momento de ser proyectado por la centrífuga. Saber hacer esto es fruto de la experiencia y da un excelente resultado.

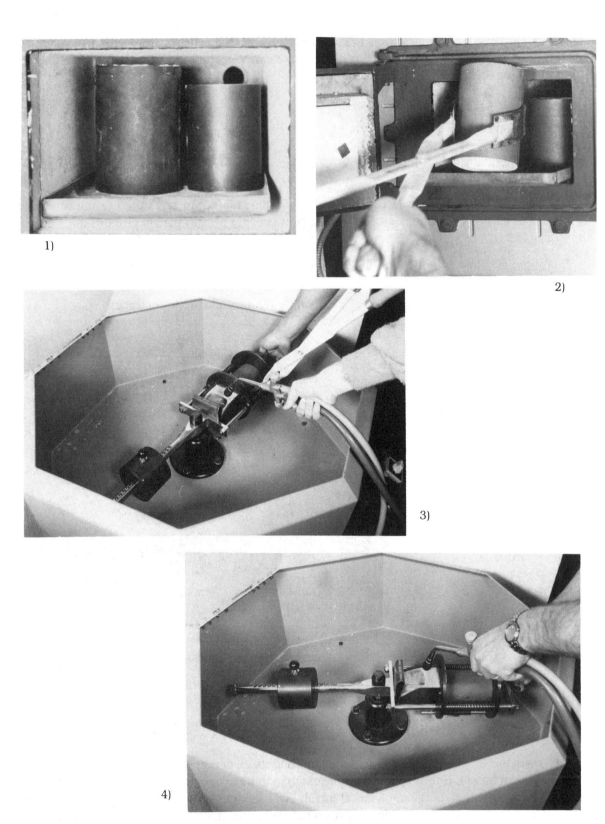

1)

2)

3)

4)

Fig. 11.74. *Colocación del cilindro en el soporte de la centrífuga.*

- A continuación apretamos el botón de puesta en marcha de la centrífuga. todo el metal será proyectado al interior del cilindro, quedando las impurezas en la macerota. Debemos dejar que la máquina gire durante tres minutos hasta que el metal quede totalmente sólido. Luego paramos la máquina (fig. 11.75).

Fig. 11.75. *Centrífuga en funcionamiento.*

Hacemos lo mismo con los demás cilindros, uno por uno. Los vamos colocando en la centrífuga y seguimos el mismo procedimiento.

La última operación de este proceso de fundición a la cera perdida es la recuperación del árbol con las piezas de metal.

Recuperación del árbol

Fig. 11.76. *Cilindro en reposo.*

Para recuperar el árbol de piezas de metal, seguimos este procedimiento:

- Con las tenazas sacamos de la centrífuga el cilindro; lo colocamos con la macerota hacia arriba y lo dejamos reposar (fig. 11.76).

- Mientras que la centrífuga está girando y proyecta el metal a otro cilindro, cogemos con la tenaza el cilindro en reposo y lo introducimos en un cubo de agua. Se producen unas explosiones, debido al cambio de temperatura. Comenzará a desprenderse el revestimiento y el árbol a la vista, negro, sucio y con revestimiento en los interiores.

- Cogemos el árbol y con un martillo damos unos golpes a la macerota para que se desprenda todo el revestimiento posible, que aún queda adherido a las piezas de metal (fig. 11.77).

Fig. 11.77. *Arbol con piezas de metal. Véase desarrollo en las 5 siguientes fotografías.*

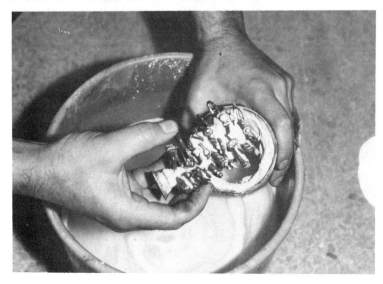

- Para la limpieza del árbol, primero le ponemos bajo un chorro de agua, al mismo tiempo que le frotamos con un cepillo; luego lo introducimos en el blanquimiento caliente.

- Completamos esta operación de limpieza, cortando las piezas de metal con la cizalla de corte por el bebedero y dejando las piezas totalmente límpias de revestimiento (fig. 11.78).

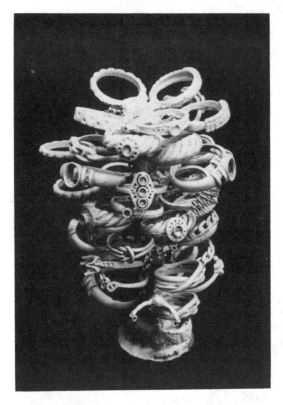

Fig. 11.78. *Piezas limpias.*

ASI CONCLUYE EL PROCESO DE FUNDICION A LA CERA PERDIDA

ANEXO
EL DISEÑO DE LA JOYERIA MODERNA ESPAÑOLA

I. EL DISEÑO EN JOYERIA

En términos generales podríamos describir la joyería como el arte y la técnica de acoplar gemas y metales para el uso de piezas preciosas como objetos de adorno. Las piezas han de ser diseñadas, antes de ser reproducidas por el artífice joyero. El diseño es precisamente ese proceso de creación de modelos originales, que luego van a ser reproducidos mediante técnicas diversas. Para diseñar en joyería, se han de tener en cuenta distintos factores de notable complejidad: principios básicos del diseño en general y de la comunicación visual, materiales y métodos de dibujo, tanto artístico como técnico, técnicas y procesos necesarios para la fabricación moderna de joyería, diversas fuentes inspiradoras de ideas o formas estéticas para diseñar: naturales, artificiales, históricas, símbolos.

Las condiciones de un buen diseño son el orden y la belleza en la disposición de gemas y metales. Por *orden* entendemos la relación simétrica de unas partes de la pieza con otras, de modo que el diseño total esté configurado con un sentido de unidad, de coordinación armónica de todas sus partes. El orden puede ser estático y seguro o dinámico y provocativo. Por *belleza* entendemos, prescindiendo ahora de discusiones filosóficas, toda configuración de las piezas, que produce placer visual al sentido estético del observador.

Subrayamos a continuación algunos criterios prácticos que ha de tener en cuenta el diseñador de joyería:

- El diseñador creativo, que busca nuevas formas e ideas, está abierto constantemente a nuevas fuentes de inspiración para sus diseños: observación de anuncios, telas, árboles, animales, arquitectura, escaparates, libros, museos, etc. Todo puede sugerirle la creación de nuevos modelos.

- Cada diseñador ha de coordinar sus propios gustos y preferencias con las preferencias y necesidades del cliente. No debe olvidar, por tanto, las modas en el vestir; los cuadros, las rayas, los pliegues, los encajes, las pieles, etc. Todo esto forma parte del estilo del cliente, y por ello será muy importante conocerlo.

- Tendrá en cuenta el diseñador para quién diseña, aunque siempre deberá aplicar unos principios básicos del diseño, válidos en todo caso. No es lo mismo diseñar para una comunidad rural, con gustos y necesidades muy peculiares, que diseñar para una clientela que sigue la última moda de París o Roma. No es lo mismo diseñar para una gran mayoría, que diseñar para una persona en particular.

En el primer caso hay que conjugar el coste que determinará el precio, la sencillez en su manufacturación, la moda del momento, el grupo social, la edad, la publicidad. Todo ello para conseguir una comercialización rentable.

En el segundo caso, es muy sencillo. El cliente suele dar la idea de lo que desea. Podemos saber el coste aproximado que debe tener la pieza, la forma de vestir del cliente, el círculo de relaciones en que se desenvuelve; conocemos su pelo y cuello, si es para pendiente, gargantilla o collar, o sus manos y brazos, si es para anillos o pulseras; color de la piel, si es para llevar de noche o de día, etc.

Ciertamente, un diseñador podrá especializarse en una clase de joyería o diseño, pero sin dejar de tener una mentalidad abierta, que pueda apreciar honestamente la belleza y conveniencia de todos los estilos y formas de joyería.

Tendrá en cuenta también el diseñador la técnica con la que va a reproducirse la pieza diseñada; no es lo mismo diseñar para reproducir mediante la estampación, que diseñar para reproducir mediante la fundición a la cera perdida.

II. POSICION ACTUAL DE ESPAÑA EN EL DISEÑO DE JOYERIA

En este momento somos en joyería la segunda potencia de Europa en exportación. Los primeros son los italianos.

Como todos los países especializados en joyería, España tiene su propia artesanía y mercado. Entre las tendencias más marcadas, hay que mencionar la italiana y la mejicana: la italiana se caracteriza por sus diseños de líneas largas y geométricas; la mejicana por sus grandes piezas e incrustaciones de piedras blandas. La joyería española se lleva la palma por la variedad y calidad de su artesanía.

El problema que ahora tenemos planteado los joyeros españoles para competir en el mercado internacional es la falta de creatividad y la inferioridad industrial.

Después de haber visitado en nuestro país exposiciones de joyería española y de haber hecho un análisis a fondo, he llegado a la convicción de que en este gremio se cometen cantidad de equivocaciones por copiar diseños y formas de industrias joyeras del extranjero, con las que luego no se puede competir en el mercado internacional. La explicación es clara.

Hay países que han basado sus diseños en su fabricación industrial ya que el 80% de su joyería se produce por estampación, logrando así abaratar enormemente los costes; han desaparecido en sus diseños las patas de hilos, las formas en hilos, los hilos en el montaje con grandes engastados en granos, en pirámide, etc..., las bandas con movimientos retorcidos. Sus diseñadores se han adaptado a diseñar el tipo de piezas con las que pueden competir, dado su sistema de fabricación industrial.

En España, en cambio, el 90% de la fabricación de joyas está basada en la técnica de la microfusión o fundición a la cera perdida, que tiene sus limitaciones en cuanto a gruesos y tamaños. ¿Qué consecuencias tiene esto a la hora de competir en el comercio internacional? Negativas, siempre que se trate de reproducir modelos de joyas que ofrecen los diseñadores de otros países. Y esto es lo que hacen algunos diseñadores españoles. Lo veremos con claridad poniendo un ejemplo.

Supongamos que se trata del diseño ''importado'' de una pulsera de plata. Los joyeros extranjeros la fabricarán por estampación al grueso que desean, logrando así un peso mínimo o máximo, según la conveniencia de precio para competir en el mercado internacional. Los joyeros españoles, en cambio, con nuestra técnica de la microfusión, lo produciríamos con más del doble de peso y con repaso excesivo y trabajo para la eliminación de poros; por lo tanto, con un coste también muy elevado con relación a los precios de la industria extranjera.

Imaginemos ahora que los fabricantes españoles exponen este tipo de piezas, idénticas en su diseño a las producidas en el extranjero, en una feria de joyería española en nuestro país. ¿Qué sucede? Llegan los comerciantes japoneses, alemanes, americanos, etc. y observan el modelo de piezas que se ofrecen y sus precios. Estas mismas joyas las pueden encontrar al mes siguiente en una exposición en Basilea, donde exponen todos los fabricantes de otros países ofreciéndolas a precios más baratos. Y es claro; de este tipo de joyería, los fabricantes españoles no venden absolutamente nada.

Es lamentable que esto suceda, dado que en España se encuentran los mejores artesanos de joyería del mundo. A este nivel, los extranjeros no pueden competir con nosotros en joyería en casi nada. Pero si seguimos copiando diseños y tendencias; difícilmente podremos competir con los fabricantes de otros países en un futuro próximo.

Para poder competir, necesitamos mantener la alta calidad de nuestra joyería artesana, con diseñadores creativos de modelos originales y adaptados a nuestro sistemaa de fabricación y no copistas de modelos extranjeros. Esto no se logrará con una preparación profesional a la ligera, como la que se ofrece en algunos anuncios engañosos:

— ''Aprenda a diseñar en dos meses''.

— ''Aprenda a trabajar la cera virgen en 4 meses''.

Esto no es admisible. El aprendizaje del diseño requiere un largo proceso; lo primero que necesita el buen diseñador es tener un perfecto conocimiento de las técnicas de joyería. Para ello, de modo especial, será útil este libro.

Después de veintisiete años de dedicación a la profesión de joyero, me atrevo a afirmar que el futuro de nuestra joyería será explêndido siempre que vaya en paralelismo con la de los demás países, pero siguiendo unas directrices propias para competir en lo que somos más fuertes: el trabajo de artesanía. Conozco excelentes diseñadores españoles que siguen esta orientación, y gracias a ellos la joyería española es todavía la 2ª exportación de Europa.

No veo la necesidad de copiar diseños y tendencias de los extranjeros. En nuestras academias tratamos de inculcar estas ideas a nuestros alumnos y trabajamos para darles a conocer la técnica de la microfusión, de modo que ésta sea el complemento de la formación profesional del artífice joyero y del diseñador, perfeccionada también por el conocimiento de las demás técnicas de la joyería española, tal como se han expuesto en este libro.

Espero que en un futuro no muy lejano, dado que en la actualidad se está elevando el nivel de conocimiento de esta profesión y que nuestros diseñadores están estudiando cada vez más a fondo las exigencias del arte del diseño en joyería, consigamos entre todos mantener y, si es posible, aumentar la calidad de producción y acabados de nuestra joyería, logrando así seguir los pasos de quienes con gran esfuerzo han hecho que nuestra joyería esté en el puesto merecido, artístico, técnico y comercial, que actualmente ocupa en el plano internacional.

LIBROS RECOMENDADOS

— Loosli, Merz, Schaffner, *Método gradual de práctica joyera* (Ed. Ubos/Scriptar, 1948).
— S. Wicks, *Joyería artesanal* (Herman Blume, 1986).

COLOFON EDITORIAL

La escasa bibliografía española existente para la formación de profesionales en el arte de joyería —pues de auténticos artífices se trata— llevó a esta Editorial a pensar en la necesidad de incorporar, a su renglón de temas de capacitación profesional, una obra que no solamente cubriera este vacío, sino que respondiera a todo un completo proceso del aprendizaje del oficio de joyero, desde sus inicios, hasta llegar a las especialidades de la profesión, cuyas exigencias y competitividad son cada vez mayores.

No se olvide que el oficio de joyero ha evolucionado vertiginosamente en los últimos tiempos: de una formación más o menos tradicional y artesanal, se ha pasado en la actualidad a técnicas en maquinaria, aleación de metales, procesos eléctricos y otros, que requieren métodos de enseñanza mucho más profundos.

A todo ello viene a responder el título ''Joyería'' que ahora tiene ante sí. Y la Editorial, con estas líneas a modo de colofón, quiere expresar su satisfacción ante el logro conseguido con la publicación que pone en manos del futuro joyero o del artista profesional que desea ampliar sus experiencias en el campo de la creación de joyas.

Con este fin, PARANINFO ha recurrido a un equipo de expertos dirigidos por el profesor Llorente, que durante muchos años han batallado —y siguen en la brecha— en su afán de formar generaciones de jóvenes joyeros. Lo han venido haciendo a través de una cadena de academias, hoy a cual más acreditada; serie de escuelas profesionales que, preciso es decirlo, se basan en los métodos de enseñanza nacidos en la primera academia de iniciativa privada que se creó en nuestro país y que incluso ahora trabaja en coordinación con el INEM, en perfecta sincronización con los nuevos planes de reforma de las Enseñanzas Medias.

El autor de esta obra, ''La Joyería y sus técnicas'', publicada en dos volúmenes para tematizar más adecuada y extensamente todos los secretos del aprendizaje, ha puesto a disposición del futuro profesional toda la experiencia que durante décadas ha venido acumulando en su labor de enseñanza y de la práctica de la joyería.

Y lo ha hecho, como él mismo confiesa en su prólogo, con un lenguaje y métodos directos, *''de profesional a profesional''*, huyendo deliberadamente de argumentaciones conceptuales; en un estilo sobrio, pero muy claro y práctico, de manera que los pasos del aprendizaje de la joyería se concentren en favor de las técnicas de ejecución y creación de las piezas, y no en la lectura de una teoría abigarrada de los programas de trabajo.

En el Primer Tomo ha desarrollado de forma exhaustiva toda la programación de los prime-ros ciclos de aprendizaje, cuyos temas resumidos se clasifican en:

Ciclo de iniciación básica, que comprende los siguientes temas:

- Herramientas de trabajo.
- Materiales de trabajo y soldaduras.
- Técnicas básicas de joyería.

Ciclo medio de perfeccionamiento

- Iniciación a especialidades.
- Trabajos de especialización.
- Trabajos de engastador, modelista, fundidor a la cera perdida y pulidor.

En cuanto a este 2º Tomo, el autor ha volcado todos sus conocimientos y todo su arte en la descripción de brillantes creaciones de la profesión, en las técnicas especiales para su consecución y en el diseño de joyería. Y hace hincapié, especialmente, en el esperanzador futuro de la joyería española, hoy en pleno auge, que se va abriendo muchas puertas de mercados internacionales, reforzando un prestigio que, de hecho, ya tenía adquirido desde su tradicional condición de joyería artesanal.

Hechas estas consideraciones editoriales, llamamos la atención del lector sobre el contenido del TOMO I de esta obra, cuyo índice extractado no desearíamos que dejara de conocer.

Vaya también nuestro agradecimiento al lector por el interés que en él despierte la aparición de este nuevo libro. Y nos sentiremos más que satisfechos de haber contribuido a brindarle un instrumento de formación o de refuerzo de sus conocimientos profesionales.

Unidades didácticas

1. Herramientas de trabajo
2. Materiales de trabajo y soldaduras
3. Técnicas de joyería

Contenidos: Herramientas para medir — cortar — aserrar — trazar — limar — coger y escoger — para sujetar y apretar; para aplanar — soldar, recocer, resudar, fundir; para plegar, voltear, sujetar; taladrar y fresar.

Herramientas colectivas: para pesar — medir — estirar — aplanar — remachar — embutir, — abocardar — cincelar y repujar; para cortar — hacer roscas — tuercas — pulir, enjabonar y gratar; para afilar — cortar y repasar; para soldar, fundir, fundir en sepia, quemado y preparación de limallas; peto o cuello de mujar.

Materiales para uso de taller. Acidos: sulfúrico, nítrico, agua regia, ácido bórico. Otros materiales.

Materiales nobles: el platino y sus aleaciones; oro blanco; oro amarillo; la plata y sus aleaciones. Información complementaria.

Soldadura de metales nobles: del platino, oro blanco, oro de color, de plata. Datos importantes para la soldadura de todo tipo.